SUGARCON-X

2011-2021: dieci anni di Sugarpulp

la case books

SUGARCON-X. 2011-2021
DIECI ANNI DI SUGARPULP
A cura dell'Associazione Culturale Sugarpulp

ISBN: 978-1-953546-78-4

2021 - 1a Edizione
Cover by Andrea Andreetta

LA CASE Books
PO BOX 931416, Los Angeles, CA, 90093
info@lacasebooks.com || www.lacasebooks.com

INDICE

APPENDICI

Il direttivo Sugarpulp sulla terrazza dell'Hotel Excelsior
al Lido di Venezia in occasione della conferenza stampa
di presentazione della SUGARCON-X durante
la 78a Mostra del Cinema di Venezia.

Da sinistra a destra:

Andrea Andreetta (responsabile produzioni),
Matteo Strukul (direttore artistico),
Silvia Gorgi (vicepresidente),
Giacomo Brunoro (presidente)
e Massimo Zammataro (tesoriere).

SUGARPULP

*Sugarpulp supera il concetto di noir e presenta
un nuovo genere di crime novel che adoro*

(Joe Lansdale)

Sugarpulp nasce come movimento letterario nel 2009 per strutturarsi poi Associazione Culturale nel corso del 2011. Fin dal 2009 è attiva online Sugarpulp MAGAZINE, rivista in italiano ed inglese che si occupa di tematiche culturali.

Tanti gli eventi culturali organizzati nel corso degli anni dall'associazione in Italia e non solo, grazie alla collaborazione con gli Istituti di Cultura Italiani all'estero coordinati dalla Farnesina, tra cui spiccano la *SugarCon - Sugarpulp Convention* (prima edizione 2011), *Chronicae - Festival Internazionale del Romanzo Storico* (prima edizione 2015) e *800 Padova Festival* (prima edizione 2018). Giacomo Brunoro è il presidente dell'associazione dal 2011. La direzione artistica di Sugarpulp è affidata a Matteo Strukul, romanziere tradotto in più di 30 paesi e vincitore del Premio Bancarella 2017.

SUGARCON

"Sugarpulp è semplicemente, il miglior festival letterario
a cui io abbia mai partecipato: invitatemi ancora per piacere!"
(Tim Willocks)

La SUGARCON, Sugarpulp Convention, è la convention annuale dell'Associazione Culturale Sugarpulp. Nata nel 2011 con il nome iniziale di "Sugarpulp Festival", la SUGARCON è diventata il punto di riferimento per la community di appassionati e di addetti ai lavori del mondo culturale che gravitano intorno all'orbita Sugarpulp.

Durante la SUGARCON vengono organizzati incontri, feste, tavole rotonde e momenti di confronto con i protagonisti della scena culturale italiana e internazionale.

La direzione artistica della SUGARCON è di Matteo Strukul, tutti gli aspetti organizzativi sono curati da Giacomo Brunoro, Silvia Gorgi, Andrea Andreetta e Massimo Zammataro.

SUGARPRIZE

Lo SUGARPRIZE è il riconoscimento alla carriera per i maestri della narrativa popolare che si sono distinti per la loro produzione artistica, indipendentemente dal linguaggio utilizzato (libri, fumetti, film, serie tv, opere teatrali, videogiochi, ecc.).

Il premio è stato istituito dall'Associazione Culturale Sugarpulp nel 2011 in occasione della prima edizione della SUGARCON.

Il direttivo dell'Associazione Culturale Sugarpulp e la direzione artistica decidono ogni anno in maniera indipendente a chi assegnare lo SUGARPRIZE. La consegna dello SUGARPRIZE rappresenta sempre l'evento di chiusura della Sugarpulp Convention e consiste in un opera realizzata espressamente per Sugarpulp da un artista italiano.

Anno	Vincitore SUGARPRIZE	Atista
2011	Joe Lansdale	Kenny Random
2012	Tim Willocks	AlessioB
2013	Massimo Carlotto	Yama11
2014	Victor Gischler	Axe
2015	Licia Troisi	Carmine Bellucci
2016	Nicolai Lilin	Francesco Liggieri
2017	Paola Barbato	Michele De Marchi
2018	Mauro Corona	Michele De Marchi
2019	Marilù Oliva	Davide Zanella
2020	Barbara Baraldi	Davide Zanella
2021	Alberto Ponticelli	Giovanni Motta
2022	?	?

SUGARCON11

La prima edizione della SUGARCON si è tenuta al Centro Culturale San Gaetano di Padova dal 29 settembre al 2 ottobre 2011 con un'anteprima il 19 settembre. All'epoca il nome era ancora Sugarpulp Festival (verrà cambiato in SUGARCON nel 2014).

Lo scrittore texano Joe Lansdale è stato insignito dello SUGARPRIZE 2011 (opera realizzata dall'artista Kenny Random).

Questi i numeri dell'evento:

- 4 giornate
- 54 ospiti
- 29 eventi
- 3 location
- 1 mostra

SUGARPULP FESTIVAL:
A PADOVA IL PRIMO FESTIVAL
DEL NOIR LEGATO AI TERRITORI

Tre giorni di incontri, tavole rotonde, proiezioni e concerti. Oltre 30 appuntamenti che animeranno la città di Padova, colorandola con le tinte del noir, del pulp e del thriller. Il primo Sugarpulp Festival – dal 30 settembre al 2 ottobre 2011, con anteprima il 19 settembre - nasce per iniziativa dell'Associazione Culturale Sugarpulp (www.sugarpulp.it) che, grazie all'unione di numerose sinergie operanti sul territorio come Comune di Padova, Marsilio Editori, Librerie Lovat, Corriere del Veneto, Vodafone e tane altre realtà di primo piano del mondo dell'imprenditoria e della cultura, è riuscita a portare a Padova un cast di autori di levatura internazionale. Jeffery Deaver, Joe R. Lansdale, Victor Gischler, Massimo Carlotto, Tim Willocks e Jan Wallentin saranno i protagonisti assoluti del primo Sugarpulp Festival: "Perché il Nordest, la Bassa, la grande Pianura Padana non sono più – da oggi – un Paese per vecchi".

Il Festival si snoderà tra le vie del centro della città di Padova e avrà come cuore pulsante il Centro Culturale San Gaetano. L'ingresso a tutti gli incontri del festival è gratuito.

Ai cosiddetti "Big Six" si aggiungeranno sei star del fumetto internazionale: Alberto Ponticelli (Vertigo, Edizioni BD), Alessandro Vitti (Marvel e Bonelli), Matteo Scalera (Marvel), Elia Bonetti (Marvel), Davide Furnò (Bonelli e DC Comics), Andrea Mutti (Marvel, Vertigo, Glénat, Bonelli). Oltre a loro, incontreranno pubblico e appassionati un nutrito gruppo di autori di primo piano e alcuni degli autori più interessanti della scena italiana: Tiziano Angri, Francesca Bertuzzi, Luca Conti, Roberto Costantini, Francesco Ferracin, Alessandro Lise, Officina Infernale, Marilù Oliva, Pierluigi Porazzi, Massimiliano Santarossa, Matteo Strukul, Paolo Zardi, Monica Zornetta... E ancora, Kasey Lansdale con Seba Pezzani & N-Rose, Andrea Pennacchi, Simone Piva e i Viola Velluto. Interprete ufficiale per il Festival sarà Seba Pezzani.

Sugarpulp Festival nasce dalla volontà di creare una manifestazione celebrativa di un particolare tipo di letteratura, ovvero quel genere pulp, noir, hard boiled e thriller capace di raccontare storie dure, spaccate, forti e che tuttavia mantengano una profonda coscienza del territorio. La terra d'origine diventa essa stessa un "personaggio" importante dell'impianto narrativo del romanzo, della novella, del racconto, svincolandosi dal ruolo di semplice cornice. Ma il Festival va anche oltre, offrendo spazio anche a forme espressive contigue al romanzo quali il fumetto, celebrandone la capacità narrativa d'impatto grazie alla potenza visiva dei disegni.

Sugarpulp affonda le sue radici nel Nordest italiano. Scegliere il Nordest non significa bieco sciovinismo autoreferenziale e autoghettizzazione, ma celebrazione delle proprie radici culturali e letterarie, nel nome di autori come Emilio Salgari.

«Il Nordest è casa nostra, è la nostra terra. Il nome stesso del movimento, Sugarpulp si rifà alla polpa da zucchero della barbabietola, uno dei prodotti tipici del territorio veneto – spiegano gli ideatori del Festival *-. Stiamo parlando di un territorio in cui il colore del noir si cela perfettamente dietro quello della barbabietola: qui anche la delinquenza ha la faccia pulita della borghesia che lavora; qui non si ostenta ma si nasconde, qui i grandi cortili delle case sono protetti, recintati, invisibili».*

Il Nordest è quindi un'idea, uno stato mentale: questo il punto di partenza per un festival in cui la letteratura nera – nella sua accezione più ampia così da ricomprendervi il più ricco catalogo di sotto-generi possibile: noir, pulp, hard boiled, thriller, crime, western – possa celebrare i territori aprendoli ad un pubblico il più ampio possibile.

Sugarpulp Festival 2011 è promosso dall'Associazione Culturale Sugarpulp, con il Patrocinio del Comune di Padova e la partnership di Corriere del Veneto, Corriere di Verona, Vodafone, Centro Culturale San Gaetano/Altinate, Grafica Veneta, Marsilio Editori, Good Mood Edizioni Sonore, Librerie Lovat, Corte dei Leoni, Murder Clothing, Pan Store, Giacomo Giovanni Stecca Fotografia, Dusty Eyes, Toscana TV, Comitato regionale per le celebrazioni del centenario della morte di Emilio Salgari e LA CASE Books.

IL PROGRAMMA

La mostra

Per tutta la durata del festival sarà possibile assistere alla mostra *Le 5 fasi*, esposizione degli originali dell'omonimo fumetto pubblicato da Alberto Ponticelli, Squaz, Officina Infernale, Akab e Tiziano Angri per Edizioni BD.

Lunedì 19 settembre (anteprima)

• 18:00, Libreria Lovat: Jeffrey Deaver presenta *Carta Bianca* con Alice Bertolin. A seguire firmacopie.

• 20:30, Enoteca ristorante Corte dei Leoni: Cena con Jeffery Deaver.

Venerdì 30 settembre

Centro Culturale San Gaetano

- 11:30-12:30, Agorà: Victor Gischler e Matteo Scalera presentano *Deadpool*. Modera Massimo Zilio.

- 15:00-16:00, Sala Sugarpulp: Alessandro Lise e Alberto Talami presentano *Morte ai cavalli di Bladder Town*. Modera Carlo Vanin.

- 16:00-17:30, Sala Sugarpulp: Matteo Righetto e Matteo Strukul presentano *Bacchiglione blues* e *La ballata di Mila*. Modera Paolo Zardi. A seguire reading di Andrea Pennacchi.

- 16:00-17:00, Agorà: Alberto Ponticelli, Tiziano Angri e Officina Infernale, presentano *Le 5 fasi*. A seguire sketch per i fan. Modera Max Brighel.

- 17:30-18:30, Agorà: Massimo Carlotto e Tim Willocks dibattono sul romanzo storico. Modera Alessandro Zangrando.

- 17:45-18:30, Sala Sugarpulp: Alberto Ponticelli incontra i fan e parla con Silvia Gorgi del suo lavoro di artista del fumetto.

- 18:30-19:30, Agorà: Jan Wallentin e Roberto Costantini, presentano *La stella di Strindberg* e *Tu sei il male*. Modera Graziano Dell'Anna.

- 18:30-19:30, Sala Sugarpulp: Massimiliano Santarossa e Monica Zornetta presentano *Cosa succede in città* e *La resa*. Modera Carlo Vanin.

Enoteca Ristorante Corte dei Leoni

- 20:45: Cena con gli autori
- 22:00: Showcase Simone Piva & i Viola Velluto.

Sabato 1 ottobre

Centro Culturale San Gaetano

- 10:30-11:30, Agorà: Tavola rotonda su noir e fumetto con Alessandro Vitti, Elia Bonetti, Massimo Carlotto, Joe R. Lansdale e Andrea Mutti. Modera Francesco Verni.

- 11:30-12:30, Agorà: Massimo Carlotto, Jan Wallentin e Tim Willocks Vs Joe R. Lansdale e Victor Gischler, *Noir europeo vs Noir americano*. Modera Luca Conti.

- 11:30-12:30, Sala Sugarpulp: Al Custerlina presenta *Cul-de-Sac* insieme a Marina Grasso.

- 16:30-17:30 Sala Sugarpulp: Tavola rotonda sul fumetto con Matteo Strukul, Alessandro Vitti, Matteo Scalera e Andrea Mutti. Modera Massimo Zilio.

- 16:30-17:30, Agorà: Marilù Oliva e Francesca Bertuzzi presentano *Fuego* e *Il carnefice*. Modera Valentino G. Colapinto.

- 17:30-18:30, Agorà: Massimo Carlotto e Piergiorgio Pulixi discutono di noir e post-noir con Sergio Frigo.

- 17:30–19:30, Sala Sugarpulp: Proiezione in anteprima del documentario *I delitti del Mostro di Firenze* di Paolo Cochi, a seguire dibattito su *Delitti e territorio*, con Paolo Cochi, Jacopo Pezzan e Giacomo Brunoro.

- 18:30-19:30, Agorà: Joe Lansdale e Victor Gischler presentano i loro ultimi romanzi. Modera Luca Conti.

Ristorante Enoteca Corte dei Leoni

- 20.45: Cena con gli autori.

- 22:30: Showcase di Kasey Lansdale con Seba Pezzani & N'Rose.

Domenica 2 ottobre

Centro Culturale San Gaetano

- 11:00-12:00, Agorà: La sceneggiatura nel fumetto, incontro con Victor Gischler e Joe R. Lansdale.

• 15:30-16:30, Agorà: Pierluigi Porazzi e Omar Di Monopoli: *Far West Italia, Nord Est e Salento a confronto*. Modera Andrea Morandin.

• 15:30-16:30, Sala Sugarpulp: Francesco Ferracin e Paolo Zardi presentano *Una vasca di troppo* e *Antropometria*. Modera Graziano Dell'Anna.

• 16:30-17:00, Sala Sugarpulp: Davide Furnò incontra i fan e parla del suo lavoro di artista insieme a Silvia Gorgi.

• 17:00-17:30, Sala Sugarpulp: Alessandro Vitti, Elia Bonetti e Matteo Scalera parlano di MARVEL ITALIA. Modera Federico Bertelli e Andrea Morandin.

• 17:30 – 18:30, Sala Sugarpulp: Thomas Tono e Adamo Dagradi presentano *Il profumo di Emma* e *La felicità dei cani*. Modera Carlo Vanin.

• 16:45-17.45, Agorà: *Presente e futuro dell'editoria*, intervengono Giulia Belloni, Carlotta Lovat, Marco di Marco, Marcello Pozza e Fabio Franceschi. Modera Simona Castiglione.

• 18:00 – 19:00, Agorà: Dialogo tra Massimo Carlotto e Tim Willocks. Modera Matteo Strukul.

• 19:00, Agorà: Consegna SUGARPRIZE 2011 Joe R. Lansdale e chiusura del festival.

SUGARCON12

La seconda edizione della SUGARCON si è tenuta al Centro Culturale San Gaetano di Padova dal 28 al 30 settembre 2012 con party inaugurale il 27 settembre. All'epoca il nome era ancora Sugarpulp Festival (verrà cambiato ufficialmente in SUGARCON nel 2014).

Lo scrittore britannico Tim Willlocks è stato insignito dello SUGARPRIZE 2012 (opera realizzata dall'artista AlessioB).

Questi i numeri dell'evento:

- 4 giornate
- 66 ospiti
- 47 eventi
- 4 location
- 2 mostre

TERRITORI NOIR
DAL 28 AL 30 SETTEMBRE TORNA
A PADOVA LO SUGARPULP FESTIVAL

Dopo il gran successo dell'edizione 2011 torna a Padova il Sugarpulp Festival, il festival del noir legato ai territori. Nato per iniziativa dell'Associazione Culturale Sugarpulp e il patrocinato dal Comune di Padova e dalla Regione Veneto, il festival conferma la sua vocazione internazionale portando a Padova autori del calibro di Linwood Barclay, Allan Guthrie, Maxim Jakubowski e Tim Willocks. Insieme a loro anche grandi maestri del noir italiano come Maurizio De Giovanni, Fulvio Ervas e Alan Altieri.

Tra i protagonisti del festival anche un gigante del fumetto mondiale come Giorgio Cavazzano, sceneggiatori del calibro di Tito Faraci e Pasquale Ruju, grandi protagonisti del fumetto internazionale come Stefano Tamiazzo, Alessandro Vitti e Niccolò Storai, oltre agli sceneggiatori e ai disegnatori della Scuola Internazionale di Comics di Padova.

Tante le novità di questa seconda edizione: una nutrita serie di workshop (dalla scrittura creativa al *selfpublishing*, dalla traduzione alla fotografiaa), i reading e gli show teatrali a cura di Andrea Pennacchi, due mostre fotografiche (*Project Common Jedi* di Pekka Jonsson e *Arcane Shadows* di Dusty Eye e Giorgio Finamore), un'esposizione dell'artista Carlo Strano e una serie di *special guest* d'eccezione: la modella Dolly Lamour una delle più note artiste di burlesque italiane, ma anche due ospiti ultrapop come Andrea e Michele di Radio Deejay.

Il Festival si snoderà tra le vie del centro storico della città di Padova e avrà come cuore pulsante il Centro Culturale San Gaetano/Altinate, il centro culturale più grande d'Europa. Gli organizzatori del festival sono orgogliosi di sottolineare come anche l'edizione 2012 del festival verrà realizzata senza nemmeno un euro di contribuiti pubblici, uno sforzo enorme in un periodo difficile come quello attuale ma che vuole essere un segnale forte per far capire che la crisi si sconfigge senza piangersi addosso ma rimboccandosi le maniche, e questo anche in un mondo come quello della cultura italiano abituato da sempre a vivere di finanziamenti pubblici.

L'ingresso a tutti gli appuntamenti è gratuito tranne che per i workshop e le cene che saranno a pagamento e per cui è obbligatoria la prenotazione attraverso il sito ufficiale del festival. Oltre agli autori già citati Sugarpulp Festival presenterà molti nomi noti agli appassionati del noir italiano e anche tanti giovani esordienti. Interprete ufficiale dell'intera manifestazione sarà Marco Piva.

IL PROGRAMMA

Le mostre

Project Common Jedi, di Pekka Johnson. La gente come noi non ne avrà mai basta di spade laser. Questo è un dato inoppugnabile. Da quando ognuno di noi ha visto Star Wars la prima volta, ogni occasione è buona per fare "zzzonnn" con un bastone. *Project Common Jedi* presenta persone comuni in posa con la nostra arma preferita. Grazie a photoshop le persone comuni vengono poi trasformate in Jedi (o Sith).

Arkane Shadows, è un progetto nato dalla collaborazione tra Giorgio Finamore e il collettivo Dusty Eye. Si tratta di un work in progress con l'obiettivo di rappresentare miti, eroi e dei della mitologia classica combinando illustrazione e fotografia. Le opere sono elaborate in pannelli delle dimensioni di 50x70cm.

Giovedì 27 settembre

Caffè Pedrocchi

- 11:00: SUGARCON12, Conferenza stampa di presentazione.

Loggia Amulea

- 19:00: SUGARPARTY inaugurale a cura dello chef Nicola Dinato.

Venerdì 28 settembre

Centro Culturale San Gaetano

- 11:30, Agorà: Tavola rotonda sul fumetto con Giorgio Cavazzano, Tito Faraci, Pasquale Ruju, Alessandro Vitti, Stefano Tamiazzo, Niccolò Storai. Modera Francesco Verni.

- 11:30, Sala Sugarpulp: Presentazione di *Storie di martiri, ruffiani e giocatori*, con Paolo Zardi, Simona Castiglione e Vicolo Cannery.

- 15:00, Agorà: Presentazione di *Lo scrittore deve morire* con Gianluca Morozzi e Heman Zed. Modera Marianna Bonelli.

- 15:30, Sala Sugarpulp: Presentazione di *Anni Zero* e *Incubi a Nordest*, con Alessandro Berselli e Alberto De Poli

- 16:00, Stand Sugarpulp: Live Sketch con Alessandro Vitti

- 16:00, Agorà: *Editori e scrittori tra ebook, libri, audiolibri e App*, con Antonio Paolacci, Allan Guthrie, Francesco Verso, Stefano Lanciotti e Simone Bedetti. Modera Giacomo Brunoro.

- 16:30, Stand Sugarpulp: Live Sketch con Niccolò Storai

- 16:30, Sala Sugarpulp: *Carcere e letteratura* con la Redazione di ConAltriMezzi

- 17:00, Stand Sugarpulp: Live Sketch con Stefano Tamiazzo

- 17:00, Agorà: Maxim Jakubowski presenta *Venice Noir* con Matteo Righetto, Barbara Baraldi e Francesco Ferracin.

- 17:30, Stand Sugarpulp: Firmacopie con Allan Guthrie

- 17:30, Sala Sugarpulp: Presentazione di *Che Dio ti aiuti Bambola!* e della trilogia dell'Ispettore Malatesta, con Carlo Callegari, Lorenzo Mazzoni e Andrea Amaducci. Modera Giacomo Brunoro.

- 18:00, Stand Sugarpulp: Firmacopie con Linwood Barclay

- 18:00, Agorà: *Trilogie tra Storia e Noir* con Tim Willocks, Alan D. Altieri. Modera Matteo Strukul.

- 18:30, Sala Sugarpulp: Presentazione di *Una brutta storia* e *Sinistri* con Piergiorgio Pulixi e Tersite Rossi. Modera Lorenzo Mazzoni.

Enoteca Ristorante Corte dei Leoni

- 21:00: Cena e Sugarparty con gli autori

Sabato 29 settembre

Centro Culturale San Gaetano

- 10:30, Agorà: Presentazione de *Il metodo del coccodrillo* con Maurizio de Giovanni e Marilù Oliva.

- 11:00, Sala Sugarpulp: *Il fumetto europeo tra Giappone e Stati Uniti*, con Stefano Tamiazzo e Niccolò Storai. Modera Massimo Zilio.

- 11:30, Agorà: *La figura femminile nel nuovo noir-thriller italiano*, con Marilù Oliva, Lorenza Ghinelli e Francesca Bertuzzi. Modera Matteo Strukul.

- 12:00, Sala Sugarpulp: Presentazione di *La felicità esiste* e *Le nostre assenze*, con Paolo Zardi e Sacha Naspini. Modera Gianluca Morozzi.

- 14:30, Sala Sugarpulp: Presentazione di *Pessime scuse per un massacro* e di *Pesca con la mosca*, con

Enrico Pandiani e Gianni Simoni. Modera Lorenzo Mazzoni.

• 15:00, Agorà: Presentazione di *Invictus* e di *Spartaco il gladiatore. Romanzo di Roma*, con Simone Sarasso e Mauro Marcialis.

• 15:30: Sala Sugarpulp: Presentazione di *Viaggio nella notte* e di *Nelle mani dell'uomo corvo*, con Massimiliano Santarossa e Matteo Corona. Modera Carlo Vanin.

• 16:00, Autoditorium: *Raixe Storte* (una pièce di teatro-canzone), con Andrea Pennacchi e Giorgio Gobbo.

• 16:00, Agorà: *Un viaggio nella nera di Topolino*, con Giorgio Cavazzano, Tito Faraci e Silvano Mezzavilla. Modera Francesco Verni.

• 16:30, Sala Sugarpulp: Presentazione de progetto editoriale Revolver e di *Miserere* con Matteo Strukul, Marina Marazza, Allan Guthrie e Alan D. Altieri.

• 17:00, Agorà: *Due autori a confronto: Fulvio Ervas e Alan D. Altieri*. Modera Bruna Mozzi.

• 17:00, Stand Sugarpulp: Firmacopie con Tim Willocks e Linwood Barclay

• 18:00, Agorà: Presentazione di *Prima che sia troppo tardi* e di *Re macchiati di sangue*, con Linwood Barclay e Tim Willocks. Modera Maxim Jakubowski.

- 18:00, Stand Sugarpulp: Firmacopie con Andrea e Michele.

- 18:30, Sala Sugarpulp: Presentazione di *Nordest Farwest* di Simone Marzini, con Carlo Vanin.

- 19:00, Agorà: *Deejay che scrivono libri: Alta infedeltà,* incontro con Andrea e Michele. Modera Giacomo Brunoro.

Enoteca Ristorante Corte dei Leoni

- 21:00: Cena e Sugarparty con gli autori.

Domenica 30 settembre

Centro Culturale San Gaetano

- 11:00, Agorà: Presentazione di *RED DREAD* con Matteo Strukul e Alessandro Vitti.

- 12:00, Agorà: *Da Tex a Diabolik, da Nathan Never a Dylan Dog: il ruolo dello sceneggiatore nel fumetto,* con Tito Faraci e Pasquale Ruju. Modera Massimo Zilio.

- 15:00, Sala Sugarpulp: *The Survival Diaries Happening,* dal blog all'ebook, il fenomeno editoriale digitale dell'anno, con la crew di TSD.

- 15:30, Agorà: Presentazione di *Venti corpi nella neve* e di *La marcia Radeschi*, di Giuliano Pasini e Paolo Roversi. Modera Francesco Lanzo.

- 16:00, Sala Sugarpulp: Presentazione di *Favola di paese* e di *Mirko e il Mostro*, con Elena Girardin e Carlo Vanin.

- 16:00, Auditorium: *Raixe Storte* (una pièce di teatro-canzone), con Andrea Pennacchi e Giorgio Gobbo.

- 16:30, Agorà: Presentazione di *Savana Padana*, con Matteo Righetto e Omar Di Monopoli. Modera Francesca Bertuzzi.

- 17:30, Agorà: Il thriller psicologico americano e scozzese, con Linwood Barclay e Allan Guthrie. Modera Tim Willocks.

- 17:30, Stand Sugarpulp: Firmacopie con Matteo Strukul e Alessandro Vitti.

- 18:30, Agorà: Consegna Sugarprize a Tim Willocks e chiusura del festival.

SUGARCON12 PRESENTA:
THE PURPLE 11 CONNECTION

The Purple Eleven Connection è il progetto nato per promuovere con un visual definito e unico il Sugarpulp Festival 2012 dando vita a una campagna *viral* sui social network.

TPEC nasce infatti con l'intento di creare una narrazione multicanale per promuovere il festival utilizzando tutti i media disponibili. TPEC è un'avventura senza tempo, prende spunto e trae forza dalle opere di autori immortali quali Jules Verne, Mark Twain, Salgari e da contemporanei come Clive Cussler e James Rollins. Ma non solo letteratura di genere, il cinema d'avventura che ha plasmato le nostre menti come i film di Robert Zemeckis, Spielberg, Lucas o Richard Donner.

TPEC nasce da un'idea di Carlo Vanin e Andrea Andreetta. Tutte le foto del progetto sono di Jacopo Masini.

MILADY

Rampolla di un facoltosissimo ramo cadetto di una famiglia nobile le cui origini risalgono a Carlo Martello, Milady, nonostante la giovane età, è una ladra professionista spesso convocata dai servizi segreti internazionali per sbrigare i lavori più delicati. Secondo i pochi rapporti che si hanno sul suo lavoro, sembra che non esista luogo in cui non possa penetrare, né cassaforte che non possa aprire. La sua attrezzatura proviene dal genio di Mister Cold. Nel 2010, Milady ha comprato un castello in Provenza e l'ha fatto trasportare mattone su mattone nei dintorni di Padova. Il luogo è sorvegliato da un plotone di guardie private capeggiate da la Cimbra.

FRASE PREFERITA: *"Se chiedi quanto costa vuol dire che non te lo puoi permettere"*.

ARMA PREFERITA: La sua pistola "Marie Claire" è stata prodotta in un solo esemplare da un erede di Samuel Colt. I suoi proiettili hanno la punta in diamante.

NOTE: Possiede una collezione di più di 25mila bambole.

DEVIL DOG

Devil Dog è stato uno dei più stimati investigatori dell'interpol. Dopo aver pestato i piedi ad alcuni pezzi grossi del SISMI a causa di una torbida indagine su finanziamenti illeciti, Devil Dog è stato costretto a ritirarsi dal servizio e diventare investigatore privato. Molto spesso le polizie internazionali si rivolgono ufficiosamente a lui per i casi più complessi. Devil Dog è anche un giallista di fama. I suoi romanzi basati sulle vicende dell'ispettore Caldwell sono stati tradotti in 35 lingue. Spesso si avvale di Lazza, suo protetto, e di Tommy per le indagini sul campo. Il suo sodalizio con Captain Bear ha segnato la fine di molte operazioni criminali.

FRASE PREFERITA: *"Il crimine perfetto esiste, è chi lo compie che non lo è"*.

ARMA PREFERITA: Una Colt 1911 "Gold Cup Trophy".

NOTE: Ha perso l'occhio sinistro durante la sua prima indagine, conosce a memoria la Divina Commedia.

THE CHEF

The Chef ha studiato nelle più importanti scuole culinarie internazionali. Gli interessi del'interpol si sono concentrati su di lui a causa di una misteriosa serie di sparizioni accadute nella clientela dei ristoranti in cui è stato chef. A tutt'oggi nessuna prova è stata rilevante per metterlo sotto accusa. Devil Dog e Capitan Bear hanno indagato spesso su di lui ma neppure i loro sforzi congiunti sono riusciti a metterlo in scacco a causa degli alibi a prova di bomba che fornisce ad ogni occasione. La loro ipotesi è che The Chef sia il cuoco di una setta segreta composta da membri di importanti istituzioni internazionali dediti al cannibalismo.

FRASE PREFERITA: *"Come vi posso cucinare stasera?"*.

ARMA PREFERITA: The Chef non si separa mai dai suoi due coltelli che, pare, siano stati creati per lui da un maestro di spada giapponese.

NOTE: Nonostante le molte ipotesi che girano sul suo conto, lui afferma di essere vegetariano. Possiede una copia originale del fumetto Amazing Fantasy #15.

CAPTAIN BEAR

Ex militare, Captain Bear è uno dei più spericolati corrispondenti dalle zone di guerra. Celebri sono le sue interviste ad alcuni leader terroristi internazionali a causa delle quali più volte ha rischiato la vita. È considerato l'inventore del "Bear Journalism", uno stile giornalistico spregiudicato, realistico, connotato dall'utilizzo di termini crudi e di una visione personale delle politiche internazionali. Per un periodo ha scritto articoli al vetriolo sulle indagini di Devil Dog, accusandolo di aver spesso inquinato le prove per risolvere i suoi casi, ma ora sembra che i due collaborino apertamente, soprattutto per le indagini riguardanti i loschi traffici di The Chef.

FRASE PREFERITA: *"Ti prego fallo! Fammi incazzare!"*.

ARMA PREFERITA: Mossberg Calibro 12.

NOTE: Lettore onnivoro, possiede la più grande biblioteca privata d'Europa. Odia le cravatte e spesso chi le indossa.

LA CIMBRA

Conosciuta con svariati Alias, il suo vero nome è tutt'ora sconosciuto. La Cimbra è una delle più richieste guardie del corpo dai leader mondiali. Ha compiuto il suo addestramento nel Mossad e attualmente è considerata una delle dieci migliori esperte di krav maga al mondo. Lo steso Putin ha ammesso di essere stato battuto da lei dopo soli cinque minuti dall'inizio dell'incontro. Attualmente è il capo della guardia privata di Milady. Dopo che una delle sue migliori amiche è scomparsa in uno dei ristoranti gestiti da The Chef, la Cimbra sta aiutando Devil Dog nelle indagini sulla fantomatica società segreta per cui lavora il cuoco.

FRASE PREFERITA: *"Non sono cattiva: mi pagano per esserlo".*

ARMA PREFERITA: il suo corpo.

NOTE: Parla più di quindici lingue, tra cui il cantonese, il mandarino, il giapponese e lo swahili. Adora i film di Takashi Miike. Captain Bear ha dichiarato che se la intervistasse probabilmente crollerebbero metà dei governi mondiali.

MR. COLD

Enfant prodige dell'economia mondiale, Mister Cold si è laureato a soli 16 anni con una tesi in cui prevedeva la crisi economica globale. Le sue teorie economiche sono spesso profetiche. Corteggiato da molte corporazioni internazionali Mister Cold ha sempre preferito la divulgazione gratuita del suo sapere. Oltre che in economia, Mister Cold è laureato in ingegneria meccanica al MIT. La sua principale occupazione al momento è di responsabile scientifico delle tecnologie utilizzate da Milady, nonché gestore materiale del suo patrimonio.

FRASE PREFERITA: *"Non è vero che i soldi non dormono. A volte lo fanno. Sono io che sono sveglio"*.

ARMA PREFERITA: Seppure non incline alla violenza, Mister Cold possiede più di duecento armi da fuoco, alcune ideate da lui stesso. Secondo sua ammissione è impossibile dire quale preferisca.

NOTE: Spesso tiene in bocca una pipa ma non l'accende mai. Ha un QI di 150 ed è membro del Mensa.

TOMMY

Chitarrista della rockband "Emma's Scent", (il suo alias è ispirato a *Tommy* degli Who), ufficiosamente Tommy è un giustiziere privato ben noto alla polizia italiana. Tutte le indagini a suo carico però sono cadute a causa della mancanza di prove. Il passato di Tommy è piuttosto oscuro: alcuni affermano che sia un ex-criminale, altri un ex-poliziotto. Sembra che Devil Dog abbia indagato per un periodo su di lui e lo abbia scagionato da ogni accusa, ma non esistono documenti ufficiali che confermino questa teoria. Pur dichiarando di non conoscersi, alcuni rapporti desecretati testimoniano che spesso Devil Dog si avvale dell'aiuto di Tommy quando la situazione lo richiede.

FRASE PREFERITA: *"Rock'n'Roll motherfuckers!!!"*

ARMA PREFERITA: una vecchia mazza da baseball.

NOTE: Possiede un furgone GMC Vandura Nero che idolatra, come l'omonimo Tommy degli Who è un asso del flipper.

DOC

Ben poco si conosce dell'identità dell'individuo chiamato convenzionalmente Doc dall'interpol. È sempre stato notato in fotografie di grandi avvenimenti contemporanei: dalla caduta del muro di Berlino alle scene di violenza della primavera araba, passando per il crollo delle Twin Towers a Ney York. È stato presente a tutti gli insediamenti dei presidenti americani a partire da Bush Senior in poi. Indossa sempre un completo nero, porta un cappello e non si separa mai dalla sua ventiquattrore. A tutt'oggi non si hanno testimonianze di crimini compiuti da Doc ma recentemente è stato visto in compagnia di Double A. Ulteriori informazioni riguardanti la relazione fra i due sono state secretate.

FRASE PREFERITA: Sconosciuta.

ARMA PREFERITA: Sconosciuta.

NOTE: Alcuni testimoni attendibili affermano che spesso fischietti *La garota de Ipanema*.

LAZZA

Ex giovane teppista della bassa padovana, Lazza è salito agli onori della cronaca per aver difeso due commercianti cinesi dall'assalto di una ronda xenofoba composta da otto individui armati fino ai denti. La cronaca racconta che Lazza li abbia stesi tutti in meno di dieci minuti usando solo i pugni. Da quel momento Devil Dog si è fatto suo garante e mentore. Lazza spesso svolge per lui indagini sul campo, non disdegnando di mollare qualche sventola quando la situazione si fa più complicata.

FRASE PREFERITA: *"Non so se te ne sei accorto ma sei entrato nella ZTL: Zona Traffico Lazza!"*.

ARMA PREFERITA: i pugni.

SEGNI PARTICOLARI: In casa tiene in una bacheca di vetro un paio di guantoni di Primo Carnera, regalo che gli ha fatto Captain Bear per averlo aiutato in un'inchiesta su alcuni incontri illegali di Boxe.

DOUBLE A

Double A è uno dei più pericolosi hacker internazionali, capace di mettere sotto scacco i sistemi telematici di mezzo mondo per puro capriccio senza farsi rintracciare. Si presume che il suo soprannome derivi dal fatto che lui si consideri "doppiamente anonimo". Quella che pubblichiamo è una delle poche sue foto divulgate di cui disponiamo. Si dice che sia un appassionato di moto d'epoca e sia dotato di un'infaticabile parlantina. È stato visto alcune volte in compagnia di Doc, con cui si presume stia lavorando a qualcosa di grosso.

FRASE PREFERITA: *"Questo non è l'IP che state cercando."*

ARMA PREFERITA: Si ritiene che potrebbe essere capace di convincere anche gli agenti più addestrati a fare qualsiasi cosa solo parlando. Pare che l'unica che non sia stata piegata dal suo eloquio ipnotico sia stata la Cimbra.

NOTE: Si ritiene abbia creato il famigerato virus "Jar Jar Binks".

ALIENONE

Ufficialmente è un efficiente e riservato agente del RIS di Parma, ufficiosamente è uno dei casi clinici più studiati dagli psicologi contemporanei. Alienone possiede infatti più di quindici personalità diverse che può richiamare a suo piacimento. Tutte le personalità sono coscienti l'una dell'altra e riconoscono l'identità principale di agente del RIS come leader. Per questa sua particolarità Alienone è stato impiegato spesso per operazioni sotto copertura. Attualmente, sfruttando la sua personalità di Toni, cameriere veneziano beone, sta indagando sulla setta segreta di cui fa parte The Chef.

FRASE PREFERITA: *"Nessuna impresa eccezionale è mai stata compiuta da un uomo sano di mente".*

ARMA PREFERITA: dipende.

NOTE: Alcune delle sue personalità note sono: la scrittrice di romanzi fantasy per teenager Ligeia, l'attore di pellicole hardcore Carlos e l'esorcista cattolico Don Elio.

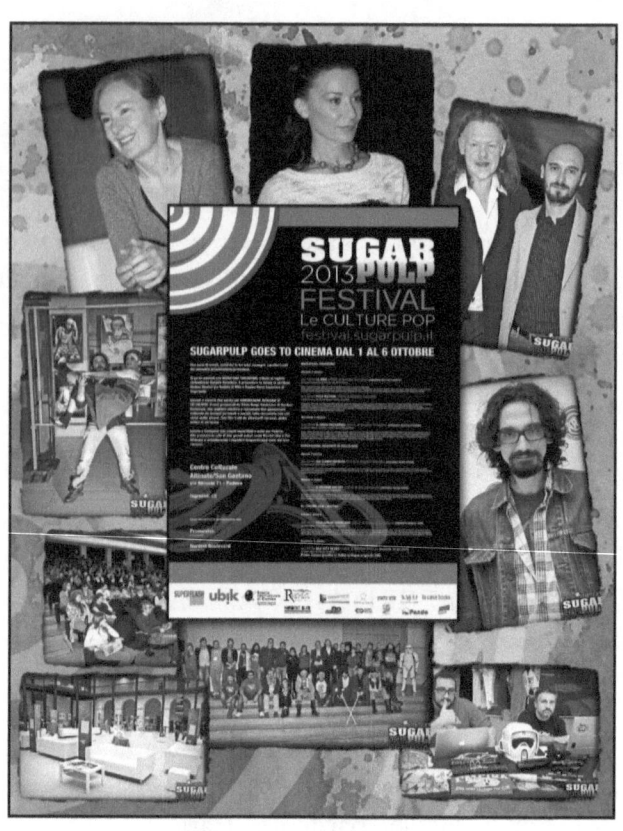

SUGARCON13

La terza edizione della SUGARCON si è tenuta al Centro Culturale San Gaetano di Padova dal 2 al 6 ottobre 2013. È stata l'ultima edizione al Centro Culturale San Gaetano e anche l'ultima con la denominazione "Festival" prima di passare al definitivo SUGARCON.

Lo scrittore italiano Massimo Carlotto è stato insignito dello SUGARPRIZE 2013 (opera realizzata dall'artista Yama11).

Questi i numeri dell'evento:

- 4 giornate
- 70 ospiti
- 40 eventi
- 2 location
- 4 mostre

SUGARPULP FESTIVAL 2013
DAI LIBRI AI VIDEOGIOCHI, ECCO LA
CULTURA CHE DIVERTE

Torna a Padova l'appuntamento con lo Sugarpulp Festival, l'evento organizzato dall'Associazione Culturale Sugarpulp e con il Patrocinio del Comune di Padova e dell'Assessorato alla Cultura del Comune di Padova. Dopo due edizioni all'insegna del grande noir internazionale il tema centrale di questa terza edizione sarà la Narrativa di Genere, per un viaggio alla sua (ri)scoperta delle Culture Pop.

Fare cultura divertendosi da sempre è la mission di Sugarpulp, per questo la terza edizione del festival nasce all'insegna del divertimento e di un approccio assolutamente positivo e informale alla lettura e alla letteratura. Libri, fumetti, arti figurative, cinema e videogames: tante le novità dello Sugarpulp Festival che, come ogni anno, porterà a Padova autori di livello internazionale. Per la prima volta il Festival ospiterà inoltre una serie di anteprime nazionali, un inedito contest videoludico, un concorso letterario e una rassegna cinematografica.

Altra novità da segnalare sono il coinvolgimento del mondo associativo, con l'Associazione Jeos, la prima e più importante associazione italiana legata al mondo della street art; l'associazione Yavin IV, il fan club italiano ufficiale di STAR WARS (che, proprio in occasione dello Sugarpulp Festival 2013 ha indetto lo YAVIN IV DAY II); Empira, altra associazione che si muove nel mondo di STAR WARS e che si propone di essere il punto di incontro tra letteratura, videogiochi, film e costuming.

Il Festival si snoderà tra le vie del centro storico della città di Padova e avrà come cuore pulsante il Centro Culturale San Gaetano/Altinate, il centro culturale più grande d'Europa. L'ingresso a tutti gli appuntamenti è gratuito tranne che per le proiezioni dei film serali e le cene che saranno a pagamento e per cui è obbligatoria la prenotazione attraverso il sito ufficiale del festival.

SUGARPULP FESTIVAL 2013 è un evento ideato e organizzato da Sugarpulp con il Patrocinio del Comune di Padova e dell'Assessorato alla Cultura del Comune di Padova, e con la collaborazione di Superflash Store e Cassa di Risparmio del Veneto/ Banca Intesa, Ubik, TVN Televisionet, Grindhouse, Scuola Internazionale di Comics, La Corte dei Leoni, GREENPINK, Dusty Eye, Grappa Brunello, Padova Comics, Runa Editrice, Panda Edizioni, Brucle, Virtual Football Location, Edizioni Multiplayer.it, Nordest Boulevard e LA CASE Books.

IL PROGRAMMA

Le mostre

Personale di Yama11, writer e artista museale. Mostra a cura dell'Associazione Jeos.

Personale di Vittorio Bustaffa, illustratore ed artista. Mostra a cura della Scuola Internazionale di Comics di Padova.

Crude Expo & Dusty Eye, mostra fotografica a cura del collettivo DUSTY EYE: we are made of the same substance of poop.

Biomechanichal Circus, di Giorgio Finamore. Esposizione dei quadri illustrati della serie *Biomechanical Circus*, pubblicati nel volume della collana Illustrati di Logos Edizioni.

Venerdì 4 ottobre

Centro Culturale San Gaetano

• 16:00, Sala Foyer: Vernissage, Artisti in festival, con Yama11, Vittorio Bustaffa, Giorgio Finamore, Dusty Eye)

• 17:00, Agorà: Apertura Festival

• 18:00, Sala Sugarpulp: *La giovane fanta-illustrazione italiana*, con Luca Pavan, Davide Corsi e Alessandro Gottardo

• 18:00, Auditorium: *Presentazione ORFANI la nuova serie evento di Sergio Bonelli Editore,* con Roberto Recchioni e Francesco Verni (ANTEPRIMA NAZIONALE)

• 19:00, Auditorium: *Cinema a Nordest,* con Marco Pettenello e Simone Falso. Modera Silvia Gorgi.

Enoteca Ristorante Corte del Leoni

• 20:30: Cena e Sugarparty con gli autori

Sabato 5 ottobre

Centro Culturale San Gaetano

• 10:00, Auditorium: Incontro con Elisabetta Bucciarelli e Stefano Piedimonte. Modera Paolo Zardi.

• 10:00, Sala Foyer: Spazio Associazioni

• 10:00, Sala Sugarpulp: *Piccoli ma cattivi*, con Fabio Pinton, Andrea Tralli, Anna Mioni, Davide Ronzoni e Andrea Morandin.

• 11:00, Sala Sugarpulp: *Agitato non mescolato, mito e immaginario in 007,* a cura di Filippo Rossi.

• 11:00, Auditorium: *Giovani italiani da classifica*, con Marcello Simoni, Francesca Bertuzzi e Giuliano Pasini.

• 12:00, Auditorium: *Saghe e serie italiane*, con Simone Sarasso, Pierluigi Porazzi e Matteo Strukul.

• 12:00, Sala Sugarpulp: *Nero a Nordest*, con Carlo Callegari, Simone Marzini e Nicola Skert.

• 15:00, Sala Sugarpulp: *Runa al femminile*, con Cristina Lattaro e Tina Cacciaglia.

• 15:00, Auditorium: N*ero e territorio*, con Matteo Righetto e Gianni Biondillo.

• 16:00, Sala Sugarpulp: *Il professor Alchemist*, incontro con Luigi Garlaschelli.

- 16:00, Auditorium: *Autori e scrittura tra libri e cinema*, con Massimo Carlotto, Tim Willocks e Nicolai Lilin.

- 16:00, Sala Foyer: *Cosa e come leggi?*, con Marino Marini, Ivana de Rossi, Paolo Povoleri, Fausto Rosa, Gruppo di lettura della biblioteca di Limena).

- 17:00, Sala Sugarpulp: *Scrivere Steampunk*, incontro con Il Duca di Baionette aka Marco Carrara.

- 17:00, Auditorium: *Le Vendicatrici*, incontro con Massimo Carlotto.

- 18: Sala Sugarpulp: *L'expanded Universe nelle grandi saghe di fiction: Star Wars e Star Trek a confronto*. Incontro a cura di YAVIN IV, fan club italiano di Guerre Stellari.

- 18:00, Auditorium: *Educazione Siberiana*, incontro con Nicolai Lilin.

Enoteca Ristorante Corte del Leoni

- 19:30: Sugarspritz
- 20:30: Cena e Sugarparty con gli autori

Domenica 6 ottobre

Centro Culturale San Gaetano

• 10:00, Auditorium: *Eros Rosa Shocking*, con Irene Cao e Simonetta Nardi

• 10:00, Sala Foyer: *Spazio Lab: Orientamento ai corsi.*

• 10:00, Sala Sugarpulp: *Il nuovo che avanza*, incontro con Marco Alfaroli e Guido De Eccher.

• 11:00, Auditorium: *Fumetto e letteratura disegnata per ragazzi*, con Silvia Ziche, Giuliano Piccininno e Alessandro Gottardo.

• Sala Sugarpulp, 11:00: *Fumetti digitali*, con Andrea Mozzato, Alessandro Lise e Stefano Tamiazzo. Modera Giacomo Brunoro.

• 12:00, Auditorium: *Luca Crovi contro tutti*, incontro con Luca Crovi, Tullio Avoledo, Tim Willocks e Massimo Carlotto.

• 15:00, Auditorium: *Lo Hobbit... dal libro al film!*, con Paolo Gulisano.

• 15:00, Sala Foyer: *Delitti in salsa ferrarese*, con Gaia Conventi e Anna Mioni.

• 15:00, Sala Sugarpulp: *Sugarpulp Generation*, incontro con Carlo Vanin e Elena Girardin. Modera Giacomo Brunoro.

• 15:00, Sala Sugarpulp: *Runa al femminile*, con Cristina Lattaro e Tina Cacciaglia

- 16:00, Sala Sugarpulp: *Star Wars VII,* incontro a cura di EmpiRA.

- 16:00, Auditorium: *Femminicidio,* incontro con Roberta Bruzzone, Marilù Oliva, Francesca Bertuzzi e Elena Girardin.

- 16:00, Sala Foyer: *Pop Corn,* con Matteo Strukul, Angelo Bussacchini e Giacomo Brunoro

- 17:00, Sala Sugarpulp: *Star Wars, il punto d'incontro tra letteratura e videogiochi,* incontro con Marco Puglia e Gabriele Galli.

- 17:00, Auditorium: *Metro 2033,* con Tullio Avoledo.

- 18:00, Auditorium: Consegna SugarPrize 2013 a Massimo Carlotto e chiusura festival.

SUGARCON14

La quarta edizione della SUGARCON si è tenuta dal 26 al 28 settembre nel centro storico della città di Padova, con anteprima il settembre lunedì 8 settembre al Superflash Store di Piazza Garibaldi. La conferenza stampa di presentazione, invece si è tenuta all'Hotel Excelsior durante la 71a Mostra Internazionale d'Arte Cinematografica di Venezia. Lo scrittore statunitense Victor Gischler è stato insignito dello SUGARPRIZE 2014 (opera realizzata dall'artista Axe). In occasione della SUGARCON14 è stata pubblicata da Edizioni BD un'edizione limitata con variant cover di *Clown Fatale* di Victor Gischler, e Maurizio Rosenzweig in 100 copie numerate.

Questi i numeri dell'evento:

- 6 giornate
- 74 ospiti
- 46 eventi
- 9 location
- 1 mostra

SUGARCON 2014: L'AVVENTURA
TRA PAROLE E IMMAGINI

Si rinnova completamente l'appuntamento con lo Sugarpulp Festival che da quest'anno si trasforma in SUGARCON, Sugarpulp Convention. L'evento, ideato e organizzato dall'Associazione Culturale Sugarpulp anche quest'anno è promosso dal Comune di Padova Assessorato alla Cultura e al Turismo e gode del Patrocinio della Regione Veneto. Dopo tre edizioni nel segno della grande narrativa di genere internazionale, e forte delle oltre 10.000 presenze registrate nel 2013, il tema centrale di questa quarta edizione sarà *L'avventura tra parole e immagini*, per un viaggio alla scoperta della grande narrativa pop e dei generi letterari nel segno dell'avventura.

Il weekend dal 26 al 28 settembre Padova sarà invasa da più di 50 eventi: tavole rotonde, presentazioni, mostre, happening, feste e dibattiti con alcuni dei più interessanti autori italiani ed internazionali tra cui lo statunitense Victor Gischler, i britannici Tim Willocks e Sarah Pinborough, ma anche gli italianissimi Maurizio De Giovanni, Marcello Simoni, Luca Crovi, Alan D. Altieri, Luca Di Fulvio e tantissimi altri. Spazio naturalmente anche al fumetto

(Maurizio Rosenzweig e Tazio Bettin tra gli altri) e al cinema con la sezione curata da Nordest Boulevard (ospiti Giuseppe Ferlito, Matteo Branciamore, Enrico Lando e tanti altri).

Quest'anno SUGARCON rilancia dunque con un'edizione ancora più ricca delle precedenti e, rinnovandosi, muta forma. SUGARCON si trasforma infatti in una convention diffusa che invaderà il cuore della città di Padova con diverse location destinate ad ospitare i tanti eventi della manifestazione: Caffé Pedrocchi, Superflash store, Zù-Bar di Palazzo Zuckermann, Sottopasso della Stua, Testi store, Multiastra, Spazio Gershwin - Piccolo Teatro Tom Benetollo.

Tra le tante novità di quest'anno grande spazio al cinema con le proiezioni serali al Multiastra, l'area dedicata ai bambini presso il Testi store con i cosplayer di Star Wars, la rappresentazione teatrale "Statale" di Michele Angrisani allo Spazo Gershwin - Piccolo Teatro Tom Benetollo. Anche quest'anno SUGARCON ospita inoltre una prestigiosa anteprima nazionale: sabato 27 settembre alle 18:00 infatti verrà presentato *Clown Fatale*, fumetto scritto dall'acclamato autore statunitense Victor Gischler, disegnato dall'artista italiano Maurizio Rosenzweig e colorato da Moreno Dinisio (tutti e tre gli autori saranno presenti allo SUGARCON14). E proprio in occasione del festival BD Edizioni ha realizzato una variant cover dedicata allo SugarCon numerata in soli 100 esemplari numerati da collezione.

L'obiettivo di SUGARCON14 è quello di far esplodere la cultura nel al cuore pulsante della città, coinvolgendo non solo i luoghi istituzionali e simbolici come il celebre Caffè Pedrocchi, uno dei più antichi caffè letterari del mondo, ma anche i negozi e le attività che costituiscono il tessuto vibrante della nostra quotidianità. La cultura in questo modo esce dagli schemi e si trasforma in motore per coltivare relazioni umane e per condividere emozioni. Fare cultura divertendosi del resto è, da sempre, la mission di Sugarpulp, per questo la quarta edizione del festival nasce all'insegna del divertimento e di un approccio assolutamente positivo e informale alla lettura e alla letteratura.

Sono già aperte le iscrizioni ai workshop di scrittura creativa tenuti da tre veri maestri del genere, come Tim Willocks, Victor Gischler e Alan D. Altieri e che si svolgeranno al Sottopasso della Stua durante la Convention:

- *Come scrivere un romanzo noir/pulp*, workshop di scrittura creativa tenuto da Victor Gischler;

- *Come scrivere un romanzo fantasy,* workshop di scrittura creativa tenuto da Alan D. Altieri.

- *Come scrivere un romanzo thriller*, workshop di scrittura creativa tenuto da Tim Willocks

IL PROGRAMMA

La mostra

EX CIVICO. Prospetti di storie alterate #0 a cura del collettivo Officina della Barbabietola.

Lunedì 1 settembre

Mostra del Cinema di Venezia

- 15:00, Hotel Excelsior, Spazio Regione Veneto: *Il Veneto della Cultura in un festival: presentazione SUGARCON14,* incontro con Silvia Gorgi, Giacomo Brunoro, Matteo Strukul e Andrea Andreetta.

Lunedì 8 settembre

Superflash Store

• 18:00: Anteprima SUGARCON14, incontro con Paolo Bacigalupi.

Giovedì 25 settembre

Superflash Store

• 18:00-19:00 Inaugurazione Ex Civico, mostra Fotografica a cura di Officina della Barbabietola.

Venerdì 26 settembre

• 10:00-11:00, Auditorium Liceo Artistico Modigliani: *Il nuovo romanzo storico*, con Sarah Pinborough, Tim Willocks e Matteo Strukul. Modera Giacomo Brunoro, traduce Marco Piva Dittrich.

• 11:00-12:00, Auditorium Liceo Artistico Modigliani: *Il fumetto italiano, un'eccellenza sempre più internazionale*, con Victor Gischler, Tazio Bettin e Stefano Tamiazzo. Modera Massimo Zilio, traduce Marco Piva Dittrich.

- 15:00-17:00, Sottopasso della Stua: *Come scrivere un romanzo thriller.* Corso di scrittura creativa tenuto da Tim Willocks. Traduce Marco Piva Dittrich.

- 16:00-18:00, Superflash Store: Workshop per bambini e tavole rotonde in collaborazione con La Notte dei Ricercatori Europei dell'Università

- 16:00-17:00, Caffè Pedrocchi: *La collezione Sabot/Age e la grande rivoluzione di una collana di contenuti*, con Piergiorgio Pulixi e Luca Poldelmengo. Modera Colomba Rossi.

- 17:00-19:00, Sottopasso della Stua: *Come scrivere un romanzo noir/pulp.* Corso di scrittura creativa tenuto da Victor Gischler. Traduce Marco Piva Dittrich.

- 17:00-18:00, Caffè Pedrocchi: *Londra e Padova, 1888: c'è un serial killer ma non è Jack Lo Squartatore*, con Sarah Pinborough e Matteo Strukul. Modera Luca Crovi, traduce Giulia Mastrantoni.

- 18:00-19:00, Caffè Pedrocchi: *Roma, Venezia e Parigi in due romanzi ambientati nel '500.* Con Tim Willocks e Luca Di Fulvio. Modera Luca Crovi, traduce Giulia Mastrantoni.

- 18:00-19:00, Superflash Store: *Nuove professioni e professionalità legate al mondo del fumetto e del disegno*, con Stefano Tamiazzo e Giacomo Brunoro.

- 19:00-20:00, Sottopasso della Stua: *Noir e territorio in chiave glocal e internazionale* con Enrico

Astolfi e Lorenzo Mazzoni. Modera Nicolò Bonazzi.

- 20:30, Cinema Multiastra: *Opere prime e giovani autori a Nordest:*, con Giuseppe Ferlito, Giulia Brazzale e Luca Immesi

- 21:00-24:00, Caffè Pedrocchi: Cena con gli autori. Partecipano Sarah Pinborough, Tim Willocks, Victor Gischler, Maurizio De Giovanni, Umberto Lenzi, Luca Di Fulvio e Luca Crovi.

- 21:00-24:00, Superflash Store: Firmacopie e tavoli disegno in collaborazione con la Scuola Internazionale di Comics di Padova

- 21:00-22:30, Piccolo Teatro Tom Benettollo, Scuola di Musica Gerswhin: *Statale*, spettacolo teatrale di e con Michele Angrisani.

- 22:15, Cinema Multiastra: Proiezione di *Presto farà giorno* di Giuseppe Ferlito. Sarà presente in sala il regista.

- 22:30, Cinema Multiastra Proiezione di *Ritual - Una storia psicomagica,* di Giulia Brazzale e Luca Immensi. Saranno presenti in sala gli autori.

Sabato 27 settembre

- 9:00-11:00, Sottopasso della Stua: *Come scrivere un romanzo thriller.* Corso di scrittura creativa tenuto da Tim Willocks. Traduce Marco Piva Dittrich.

• 11:00-13:00, Sottopasso della Stua: *Come scrivere un romanzo fantasy*. Corso di scrittura creativa tenuto da Sergio Altieri.

• 12:00-13:00, Caffè Pedrocchi: Incontro con Maurizio De Giovanni e Luca Crovi.

• 16:00-17:00, Caffè Pedrocchi: *Il romanzo storico in Italia oggi*. Con Marcello Simoni e Lorenzo Beccati. Modera Giuliano Pasini.

• 16:00-17:00, Superflash Store: *Il fumetto italiano indipendente*, con Stefano Zattera e Officina Infernale. Modera Giacomo Brunoro.

• 16::00-17:00, Sottopasso della Stua: *Donne e Noir*, con Barbara Codogno e Elena Girardin. Modera Francesca Visentin.

• 17:00-18:00, Sottopasso della Stua: *Generazione Sugarpulp*, con Fabio Chiesa e Carlo Vanin, modera Simone Marzini.

• 17:00-18:00, Testi Store: *Star Wars, in attesa di Episodio VII"*, evento in collaborazione con YAVIN IV, fan club italiano di Guerre Stellari.

• 17:00-18:00, Caffè Pedrocchi: *Action thriller: storie tra fumetto, romanzo e cinema* con Victor Gichler e Sergio Altieri. Modera Matteo Strukul, traduce Marco Giulia Mastrantoni.

- 17:00-18:00, Superflash Store: *Old Boy e Lady Snowblood: due manga capolavoro,* incontro con Veruska Motta.

- 18:00-19:00, Superflash Store: *Sally off the Wasteland.* Con Victor Gischler e Tazio Bettin. Modera Francesco Verni.

- 18:00-19:00, Sottopasso della Stua: *Nuove forme di scrittura tra ebook, cinema, web series e multimedialità,* con Francesco Dominedò, Matteo Branciamore e Carlo Callegari. Modera Giacomo Brunoro.

- 18:00-18:30, Caffè Pedrocchi: Consegna Premio "Copri Freddi" 2013 a Massimo Carlotto.

- 18:00-19:00, Testi Store: *Star Wars: l'universo espanso tra videogames, libri, fumetti e serie tv,* evento in collaborazione con YAVIN IV, fan club italiano di Guerre Stellari.

- 19:00-20:00, Superflash Store: Firmacopie e disegni a cura della Scuola Internazionale di Comics.

- 19:00-19.45, Caffè Pedrocchi: *Letteratura come strumento innovativo e trasversale di promozione turistica.* Con Sarah Pinborough, Tim Willocks, Marcello Simoni, Matteo Strukul. Modera Francesca Bertuzzi, traduce Marco Piva Dittrich.

- 19:00-20:00, Testi Store: *Aperitivo Stellare,* aperitivo con YAVIN IV, fan club italiano di Guerre Stellari.

- 21:00 - 24:00, Sottopasso della Stua: SUGARPARTY, festa con gli autori.

Domenica 28 settembre

- 09:00-11:00, Sottopasso della Suta: *Come scrivere un romanzo noir/pulp*. Corso di scrittura creativa tenuto da Victor Gischler. Traduce Marco Piva Dittrich.

- 11:00-13:00, Sottopasso della Stua: *Come scrivere un romanzo fantasy*. Corso di scrittura creativa tenuto da Sergio Altieri.

- 16:00-17:00, Caffè Pedrocchi: *La prospettiva femminile nel grande romanzo popolare, due esperienze eccellenti.*. Con Marilù Oliva e Sarah Pinborough. Modera Barbara Codogno, traduce Marco Piva Dittrich.

- 16:00-17:00, Superflash Store: *POP CORN: narrativa digitale tra Italia e Stati Uniti*. Con Victor Gischler e Giacomo Brunoro, traduce Marco Piva.

- 16:00-17:00, Sottopasso della Stua: *Il nuovo romanzo per ragazzi e di formazione: dal thriller al fantastico*, con Francesca Bertuzzi e Francesco Falconi. Modera Fulvio Luna Romero.

- 17:00-18:00, Caffè Pedrocchi: *Presentazione de L'Aquila e la Spada*. Con Alvaro Gradella. Modera Bruna Mozzi.

- 17:00-18:00, Superflash Store: Firmacopie e disegni a cura della Scuola Internazionale di Comics

- 17:00-18:00, Sottopasso della Stua: *Clash of Titans: Tim Willocks VS Victor Gischler*, con Tim Willocks e Victor Gischler. Modera Matteo Strukul, traduce Marco Piva Dittrich.

- 18:00-19:00, Sottopasso della Stua: Consegna SUGARPRIZE 2014 a Victor Gischler e chiusura ufficiale della SUGARCON14.

SUGARCON15

La quinta edizione della SUGARCON si è tenuta nel centro della città di Padova e a Fratta Polesine (Ro) dal 23 al 27 settembre 2014. In occasione della mostra MAD MAX FRUY DRAW è stato pubblicato anche un catalogo cartaceo in tiratura limita (200 copie) curato da Giacomo Brunoro, Stefano Zattera e Officina Infernale..

La scrittrice italiana Licia Troisi è stata insignita dello SUGARPRIZE 2015 (opera realizzata dall'artista Carmine Bellucci).

Questi i numeri dell'evento:

- 5 giornate

- 44 ospiti

- 20 eventi

- 5 location

- 1 mostra

LE STAR INTERNAZIONALI
DELLA LETTERATURA E DEL FUMETTO
ALLA SUGARCON15

Si rinnova l'appuntamento con SUGARCON, la Sugarpulp Convention, la convention letteraria internazionale dall'Associazione Culturale Sugarpulp con la direzione artistica di Matteo Strukul. *Read Hard, Party Harder* è il provocatorio slogan dell'edizione 2015 della SUGARCON che da sempre propone un modo di vivere la cultura basato sul divertimento, sulle emozioni e sul coinvolgimento diretto delle persone.

Dopo quattro edizioni nel segno della grande narrativa di genere internazionale, e forte delle oltre 10:000 mila presenze registrate nel 2014, l'edizione 2015 della Sugarcon si presenta con molte novità, a partire dalla diffusione territoriale: quest'anno infatti la Convention non si svolgerà soltanto a Padova ma anche a Fratta Polesine (Rovigo), anche se poi il cuore dell'evento resterà nella città del Santo. Il Caffè Pedrocchi, uno dei più antichi e prestigiosi caffè letterari del mondo, la libreria Mondadori, Testi Store e il Sottopasso della Stua saranno gli epicentri della

SUGARCON a Padova, oltre all'appuntamento di giovedì 24 settembre a Villa Badoer a Fratta Polesine (Ro).

John Connolly, l'acclamato autore della della serie di romanzi dedicati al detective privato Charlie Parker letti e tradotti in tutto il mondo, apre il tris di ospiti internazionali, completato da Jason Starr e Allan Guthrie. Starr, pluripremiato romanziere e sceneggiatore di fumetti e graphic novel newyorkese, ha vinto il Barry Award e per ben 2 volte l'Anthony Award (nel 2005 con *The Twisted*, miglior romanzo, e nel 2013 con *The Chill*, miglior Graphic Novel, con i disegni di Michele Bertilorenzi). Il suo ultimo lavoro è *Ant-Man*, il romanzo ufficiale dell'omonimo cinecomic prodotto dai Marvel Studios. Quello di Allan Guthrie invece è un gradito ritorno, dato che il maestro indiscusso del Tartan-Noir era già stato ospite della seconda edizione della SUGARCON nel 2012.

Licia Troisi, l'autrice fantasy italiana più letta e tradotta al mondo con più di 4 milioni di copie vendute, guida invece il gruppo degli autori italiani, tra cui spiccano i nomi di Andrea Molesini, Fulvio Ervas, Romano De Marco, Marilù Oliva, Giuliano Pasini, Alessio Romano e tanti altri. Importanti nomi anche dal mondo del fumetto, su tutti Andrea Mutti e Michele Bertilorenzi, artisti italiani che collaborano da anni con le più importanti case editrici mondiali come Marvel, DC Comics, Vertigo, Dark Horse, Bonelli e Glénat.

Una delle grandi novità della SUGARCON15 sarà la mostra-evento MAD MAX FURY DRAW, curata da Stefano Zattera, Officina Infernale e Giacomo Brunoro. 43 disegnatori italiani tra i più talentuosi come Alberto Ponticelli, Ausonia, Antonio Fuso, AkaB, Michele Bertilorenzi, Andrea Mutti, più una *guest star* internazionale del calibro del disegnatore e illustratore croato Danijel Zezelj, hanno reso omaggio all'immaginario di Mad Max, la geniale creazione di George Miller. Sarà possibile acquistare il catalogo completo della mostra e anche le copie numerate di ogni illustrazione. Il ricavato della vendita degli albi e delle stampe andrà in beneficenza a Emergency, associazione che da anni si impegna per portare soccorso nelle "terre perdute".

Per i fan è già possibile contribuire alla convention acquistando su Kapipal, piattaforma italiana di crowdfunding, una serie di pacchetti con offerte particolari e molto convenienti. Anche in questo caso Sugarpulp continua il suo progetto di dare vita a un grande evento culturale capace di sostenersi economicamente all'interno di logiche di mercato senza dover ricorrere a finanziamenti pubblici. Allo stesso modo è già possibile iscriversi ai workshop di scrittura creativa tenuti da due veri maestri del genere, come Jason Starr e Allan Guthrie e che si svolgeranno al Sottopasso della Stua durante la convention. Stessa location anche per il workshop dedicato ai giovani fumettisti e tenuto da Michele Bertilorenzi e Andrea Mutti.

SUGARCON15 è un evento ideato e organizzato dall'Associazione Culturale Sugarpulp con il Patrocinio del Comune di Padova e in collaborazione con Birra Antoniana, Mondadori Bookstore Padova, Caffè Pedrocchi, Testi Store, Zù Bar, RCE Padova, Ludosport Padova, DIGITALmeet, Talent Garden Padova, Fondazione Comunica, Sottopasso della Stua, Sinai Exclusive e LA CASE Books.

Il catalogo della mostra
MAD MAX FURY DRAW curata da Stefano Zattera,
Officina Infernale e Giacomo Brunoro

IL PROGRAMMA

La mostra

In occasione della **SUGARCON15** alcuni dei disegnatori italiani più talentuosi (oltre a una guest star internazionale come Danijel Zezelj), hanno reso omaggio all'immaginario di Mad Max, la geniale creazione di George Miller che è tornata nei cinema di tutto il mondo con l'acclamato *Mad Max Fury Road*. Nasce così *MAD MAX FURY DRAW*, mostra curata da Giacomo Brunoro, Stefano Zattera e Officina Infernale. I disegnatori che hanno partecipato con le loro opere sono Alberto Ponticelli, Alessandro Vitti, AkaB, Andrea Mutti, Antonio Fuso, Ausonia, Armin Barducci, Arturo Lauria Moloch, Dario Panzeri, Dario Arcdidiacono, Dast, Danijel Zezelj, Enrica Eren Angiolini, Fabio Punk Baldolini, Francesco Biagini, Giuseppe Palumbo, Giorgio Santucci, Giorgio Finamore, Giuliano Piccininno, Katerina Ladon, Ivan Hurricane Manuppelli, Marco Kazzemberg Galli, Maurizio Ercole, Massimo Perissinotto, Massimo Giacon, Michele Bertilorenzi,

Nicolò Storai, Officina Infernale, Paper Resistance, Ratigher, Roberto Baldazzini, Sergio Ponchione, Spugna, Squaz, Stefano Cardoselli, Stefano Zattera, Tazio Bettin, Tiziano Angri, Zaex Starzax, Alberto Gottardo, Gianfranco Enrietto e Marco Polenta.

È stata pubblicato anche un catalogo completo della mostra in una tiratura limitata di 200 copie. MAD MAX FURY DRAW è rimasta aperta al Sottopasso della Stua fino al 24 ottobre ed è stata poi organizzata anche per l'inaugurazione della Scuola di Fumetto Wonderland (Vicenza, febbraio 2016) e al Todays Festival di Torino (26-28 agosto 2016).

Mercoledì 23 settembre

- 18:00-18:45, Mondadori Bookstore Padova: Gilda Bisceglia presenta *Manuale di sopravvivenza all'uomo sbagliato* insieme a Giacomo Brunoro.

- 19:00:21:00, Sottopasso della Stua, Padova: SUGARSPRITZ di apertura della Convention. DJ set e aperitivo con Birra Antoniana.

- 21:30, 23:00, Sottopasso della Stua, Padova: *Gli italiani e il fumetto. 50 Storie.* Proiezione del documentario di Paolo Caredda, una produzione originale Sky Arte HD. Alla proiezione sarà presente il regista.

Giovedì 24 settembre

• 21:00-23:00, Villa Badoer, Fratta Polesine: *Romanzo e territorio: il Veneto incontra il mondo.* Tavola rotonda su noir e territorio con John Connolly, Fulvio Ervas, Jason Starr, Andrea Molesini, Allan Guthrie e Matteo Strukul. Coordina l'incontro Giuliano Ramazzina, giornalista e scrittore. A seguire firma-copie con gli autori.

• 21:00-23:00, Sottopasso della Stua, Padova: *A fior di pelle.* Proiezione in anteprima nazionale del teaser del documentario di Michele Angrisani sull'indipendentismo veneto a 100 anni dalla Grande Guerra. A seguire incontro e dibattito con il regista, Renzo Mazzaro e Wu Ming.

Venerdì 25 settembre

• 18:00-19:00, Sottopasso della Stua, Padova: *MAD MAX FURY DRAW.* Inaugurazione della mostra a cura di Stefano Zattera, Officina Infernale e Giacomo Brunoro. Interverranno, oltre ai curatori gli artisti Andrea Mutti, Michele Bertilorenzi, Tazio Bettin, Enrica Eren Angiolini, Giorgio Finamore, Massimo Perissinotto e Zaex Starzax.

- 19:00-19:45, Sottopasso della Stua, Padova: *Fumetto tra letteratura e cine-comics*, incontro con Jason Starr, Michele Bertilorenzi e Andrea Mutti. A seguire firmacopie con gli autori.

- 21:00-23:00, Caffè Pedrocchi, Padova: Cena di Gala con gli autori e la crew Sugarpulp.

Sabato 26 settembre

- 16:00-19:00, Testi Store, Padova: *Star Wars tra lego, cosplayer e spade laser.* Un intero pomeriggio dedicato al misto di Star Wars: foto gratuite con icosplayer vestiti come i personaggi della celebre saga, truccatori per i più piccoli, Lego Star Wars, giochi, gadget e gli spettacolari duelli di spade laser a cura dell'associazione Ludosport Padova.

- 16:00-17:00 Caffè Pedrocchi, Padova: *Sugarpulp Generation.* Incontro con Daniele Cutali, Fulvio Luna Romero e Massimo Zammataro. Modera Giacomo Brunoro.

- 17:00-18:00, Caffè Pedrocchi, Padova: *Grottesco, irriverente, letterario.* Incontro con Marilù Oliva e Alessandro Berselli. Modera Matteo Strukul

- 18:00-19:00. Caffè Pedrocchi, Padova: *Mafie globali e noir.* Incontro con Romano De Marco e Matteo Strukul.

• 19:00-20:00 Caffè Pedrocchi, Padova: *Tartan Noir Vs Crime Fiction USA*. Incontro con Jason Starr e Allan Guthrie. Traduce Marco Piva, Modera Matteo Strukul.

• 21:30-22:30, Caffè Pedrocchi, Padova: *An Evening with John Connolly*. Incontro con John Connolly. Traduce Marco Piva.

• 22:30-00:30, Sottopasso della Stua, Padova: SUGARPARTY con DJ set a cura di Gianmaria Vettorato e Birra Antoniana insieme a tutta la crew di Sugarpulp e agli autori ospiti della Sugarcon.

Domenica 27 settembre

• 10:30-11:30, Caffè Pedrocchi, Padova: *Riscrivere il genere*. Incontro con Alessio Romano, Gianluca Morozzi e Livia Sambrotta. Modera Giacomo Brunoro.

• 11:30-12:30, Caffè Pedrocchi: *La regina italiana del fantasy internazionale*. Incontro con Licia Troisi.

• 16:00-17:00, Caffè Pedrocchi: *Giallo a Nordest*. Incontro con Pierluigi Porazzi e Giuliano Pasini. Modera Matteo Strukul.

• 17:00-17:30, Caffè Pedrocchi: Consegna SUGARPRIZE 2015 a Licia Troisi.

- 17:30-18:30, Caffè Pedrocchi: *Clash of Titans.* Incontro di chiusura per fare il punto sulla Convention con Allan Guthrie, Jason Starr, e Matteo Strukul. Modera Giacomo Brunoro.

SUGARCON16

La sesta edizione della SUGARCON si è tenuta dal 22 al 26 settembre a Padova, Rovigo e in Polesine..

La scrittore russo Nicolai Lilin Llin è stato insignito dello SUGARPRIZE 2016 (opera realizzata dall'artista Francesco Liggieri e una magnum di "Grappa delle Nebbie" offerta dalle Antiche Distillerie Mantovani).

Questi i numeri dell'evento:

- 4 giornate
- 26 ospiti
- 18 eventi
- 7 location
- 1 contest fotografico

SUGARPULP CONVENTION 2016: REBELS! LA CARICA DEI RIBELLI DELLA CULTURA

Al via SUGARCON16, quattro giorni di incontri, eventi, presentazioni e feste per conoscere autori italiani e stranieri, ma anche per riscoprire tutta la carica ribelle della letteratura e della cultura.

REBELS infatti è il provocatorio slogan dell'edizione 2016 della Sugarpulp Convention, che si terrà a Padova, Rovigo e in Polesine dal 22 al 26 settembre. Perché REBELS? Perché *«i libri, l'arte e la cultura rappresentano la vera ribellione nei confronti di una società che sta vivendo una crisi culturale, non economica (non ci stancheremo mai di ripeterlo!)»*, sottolinea Matteo Strukul, direttore artistico di Sugarpulp. *«La campagna che abbiamo lanciato nei social con l'hashtag #nellavitaservonolibri ha fatto uscire allo scoperto la tribù dei ribelli della cultura, una tribù che spesso non viene raccontata dai media e che invece è molto più numerosa e agguerrita di quanto si creda»*. Ecco perché anche quest'anno la Sugarpulp Convention metterà al centro la letteratura popolare in tutte le sue forme, senza dimenticare anche gli aspetti divertenti e leggeri della cultura purtroppo spesso snobbati dall'intellighenzia nostrana.

E per sottolineare come i libri possano essere occasione di crescita culturale, ma anche di divertimento, ad aprire la SUGARCON ci sarà la presentazione in anteprima nazionale di *Storie di calcio e calci*, il primo libro nato dalla community Calciatori Brutti, fenomeno pop partito dal web grazie a Daniele Roselli, Enrico Modica e Samuele Maffizzoli, community che oggi conta più di un milione e mezzo di fan su Facebook.

Molto ricco come sempre anche il "cast" degli autori che parteciperanno alla SUGARCON16: Massimo Carlotto, Alex Connor, Nicolai Llilin, Tullio Avoledo, Marcello Simoni, Simone Sarasso e Federica Sgaggio... autori che quest'anno più che mai possiamo definire ribelli. Spazio anche agli esordienti, come da tradizione Sugarpulp: alla Convention 2016 sarà possibile infatti conoscere Mirko Zilahy che con il suo *È così che si uccide* si è imposto all'attenzione internazionale diventando un "caso editoriale", ma anche Stefano Zattera, già noto al grande pubblico come disegnatore, illustratore e fumettista, che quest'anno ha pubblicato il suo primo romanzo e che si inserisce nella lunga tradizione degli "autori Sugarpulp".

Non poteva mancare il fumetto, con due giganti del genere: Claudio Villa e Gianfranco Manfredi, due veri e propri maestri dei comics che dalle pagine di Tex, Dylan Dog, Magico Vento e tanti altri personaggi indimenticabili hanno scritto la storia del fumetto italiano. Molto spazio anche alle autrici, come sottolinea ancora Strukul: «*Dopo lo Sugarprize consegnato a Licia Troisi l'anno scorso anche quest'anno Sugarpulp tiene i riflettori accesi sulle donne. Centrale da questo punto di vista l'incontro Donne e Letteratura, un dialogo aperto tra Alex Connor e Federica Sgaggio per riflettere sul ruolo sempre più importante delle donne nella letteratura italiana e internazionale».*

«*La proposta culturale di quest'anno è sicuramente varia e di gran qualità*», ribadisce Giacomo Brunoro, presidente dell'associazione. «*Inoltre con l'evento dedicato alla community Calciatori Brutti apriamo anche ai giovanissimi, target da sempre molto difficile quando si parla di libri e di lettura. Il nostro obiettivo, come sempre, è quello di avvicinare i giovani al mondo della lettura e della scrittura smontando il mito che la cultura è noiosa, vogliamo andare al di là degli stereotipi scolastici per cui leggere è soltanto un dovere».*

Tra le novità di questa sesta edizione segnaliamo l'espansione territoriale in tutta la regione: dopo il primo esperimento dell'anno scorso infatti quest'anno la SUGARCON si allarga da Padova a Rovigo passando per il Polesine, con una serie di location da sogno come il Castello Estense di Arquà Polesine, Palazzo Casalini a Rovigo, Villa Badoer a Fratta Polesine e le Antiche Distillerie Mantovani a Pincara (Ro). «*Il legame di Sugarpulp con il territorio veneto è fortissimo, per questo sono particolarmente felice della crescita a Rovigo e in Polesine*» conclude Brunoro. «*Al di là della bellezza delle location fantastiche in cui si svolgeranno gli eventi infatti abbiamo lanciato anche un contest fotografico su Instagram, curato da Matteo Bernardi, che ha come tema la riscoperta dei Castelli Veneti. Con i due hashtag #castelliveneti e #sugarpulphoto sarà possibile raccontare su Instgram un Veneto nascosto e troppo spesso dimenticato, per riscoprire un territorio dal fascino unico al mondo».*

Anche quest'anno tutti gli eventi letterari della Sugarpulp Convention saranno completamente gratuiti. La convention infatti verrà realizzata senza nemmeno un euro di contribuiti pubblici perché crediamo nella community che è nata in questi anni e vogliamo continuare ad andare avanti per la nostra strada, in maniera indipendente da finanziamenti pubblici (e dalle relative ingerenze). Proprio per questo abbiamo attivato una campagna di crowdfunding su Kapipal per permettere a chiunque di contribuire in maniera diretta alla SUGARCON16.

SUGARCON16 è un evento organizzato dall'Associazione Culturale Sugarpulp con il patrocinio del Comune di Arquà Polesine e del Comune di Fratta Polesine, con la collaborazione di Rovigo Banca, IRSAP, Antiche Distillerie Mantovani, OpenLab Architettura, Agriturismo Valgrande, Mondadori Bookstore Padova, Enoteca Ristorante Corte dei Leoni, Sinai Exclusive e LA CASE Books.

IL PROGRAMMA

Giovedì 22 settembre

• 17:00-17.45, Mondadori Bookstore Padova, Calciatori Brutti presenta *Storie di calcio e di calci*.

• 18:00-18.45, Enoteca Ristorante Corte dei Leoni, Padova: Stefano Zattera presenta *C'era una volta in Nordest* insieme a Giacomo Brunoro.

• 19:00-19.45, Enoteca Ristorante Corte dei Leoni, Padova: Tullio Avoledo presenta *Chiedi alla luce"* insieme a Matteo Strukul.

Venerdì 23 settembre

• 18:00-18.45, Enoteca Ristorante Corte dei Leoni, Padova: *Il Mostro di Firenze*, con Paolo Cochi e Francesco Cappelletti. Modera Giacomo Brunoro.

• 19:00-19.45, Enoteca Ristorante Corte dei Leoni, Padova: *Donne e letteratura*, con Alex Connor e Federica Sgaggio. Modera Francesca Visentin. Traduce Marco Piva.

• 20:00-22.45, Enoteca Ristorante Corte dei Leoni, Padova: Cena con gli autori.

Sabato 24 settembre

• 16:00-16:45, Palazzo Casalini, Rovigo: Mirko Zilahy presenta *È così che si uccide* insieme a Danilo Villani.

• 17:00-17.45, Palazzo Casalini, Rovigo, Alex Connor presenta *Cospirazione Caravaggio* insieme a Corrado Ravioli. Traduce Marco Piva.

• 18:00-18.45, Palazzo Casalini, Rovigo: *Da Tex a Dylan Dog*, incontro con Claudio Villa e Gianfranco Manfredi. Modera Giacomo Brunoro

• 20:00-20.45, Antiche Distillerie Mantovani, Pincara (Ro): SUGARSPRITZ, aperitivo offerto dalle Antiche Distillerie Mantovani

• 21:00-21.45 Antiche Distillerie Mantovani, Pincara (Ro): *An Evening with Massimo Carlotto*. Matteo Strukul e Giuliano Ramazzina dialogano con Massimo Carlotto.

• 22:00-00.45 Antiche Distillerie Mantovani, Pincara (Ro): SUGARPARTY

Domenica 25 settembre

• 11:00-11.45: Castello di Arquà Polesine (Ro): *L'abbazia dei bestseller*, incontro con Marcello Simoni e Carlo Cavriani.

• 12:00-12.45, Castello di Arquà Polesine (Ro): Nicolai Lilin presenta *Spy Story Love Story* con Matteo Strukul.

• 13:00-13.45, Agriturismo Valgrande, Bagnolo di Po (RO): Pranzo con gli autori

• 16:00-16.45, Villa Badoer, Fratta Polesine (Ro): *Storie nere a confronto*, con Matteo Strukul e Simone Sarasso. Modera Giacomo Brunoro.

• 17:00-17.15, Villa Badoer, Fratta Polesine (Ro): Premiazione contest fotografico Castelli Veneti a cura di Matteo Bernardi.

• 17:30-18:00, Villa Badoer, Fratta Polesine (Ro): Consegna SUGARPRIZE a Nicolai Lilin.

SUGARCON-X

SUGARCON17

La settima edizione della SUGARCON si è tenuta dal 21 al 24 settembre a Padova, Rovigo e in Polesine..

La scrittrice italiana Paola Barbato è stata insignita dello SUGARPRIZE 2017 (opera dall'artista Michele De Marchi, oltre a una borsa realizza in esclusiva da SINAI Exclusive).

Questi i numeri dell'evento:

- 4 giornate

- 26 ospiti

- 19 eventi

- 5 location

- 2 contest fotografici

- 1 caccia al tesoro interattiva per le strade del centro di Padova con l'App SUGARCON17

- 2 collegamenti intercontinentali

- 2 giornate di Speed date letterari con gli editor di Newton Compton, Sperling & Kupfer e Longanesi

LA LETTERATURA POPOLARE NELL'EPOCA DELLA TRANSMEDIALITÀ: ALLA RICERCA DELLE NUOVE FRONTIERE DELLA NARRATIVA

La letteratura e la narrativa popolare saranno le grandi protagoniste della SUGARCON17, la settima edizione della convention internazionale organizzata da Sugarpulp con la direzione artistica di Matteo Strukul. Dal 21 al 24 settembre Padova, Rovigo e il Polesine saranno teatro di incontri con grandi autori italiani ed internazionali, ma anche di cene e feste a tema per vivere la cultura in modo divertente e spensierato come da tradizione per tutti gli eventi organizzati da Sugarpulp.

Tante le novità di quest'anno, a partire dagli Speed Date Letterari che permetteranno ai giovani autori esordienti e non di presentare i loro romanzi agli editor di Sperling & Kupfer, Newton Compton e Longanesi, fino alla TECH SQUARE per i giovanissimi dedicata al gioco e alla transmedialità con la caccia al tesoro interattiva nel centro di Padova, la possibilità di sperimentare la Realtà Virtuale o di giocare con l'Oculus Rift e l'Oculus Touch.

La SUGARCON17 si aprirà giovedì 21 settembre alle 18:30 a Palazzo Moroni (Padova) con una grande festa, ovvero la celebrazione del Premio Bancarella 2017 vinto da Matteo Strukul con il primo romanzo della sua trilogia medicea. Insieme all'autore ci sarà anche Andrea Colasio, Assessore alla Cultura, Musei, Edilizia Monumentale e Turismo del Comune di Padova.

Alle 19:00 invece appuntamento con un gigante del noir internazionale, lo scozzese Stuart MacBride: il re del tartan noir sarà il protagonista di *An evening with Stuart MacBride*. Alle 20:00 l'ultimo appuntamento della giornata prima dell'aperitivo con gli autori al Caffè Pedrocchi: Francesco Maria Dominedò e Carlo Callegari presenteranno in anteprima il trailer de *La banda dei tre*, film con Marco Bocci e Francesco Pannofino diretto dallo stesso Dominedò e tratto dall'omonimo romanzo di Callegari

Il venerdì, sempre a Palazzo Moroni, sarà invece dedicato alla transmedialità tra giochi di ruolo, realtà virtuale, realtà aumentata e una caccia al tesoro interattiva tra le vie del centro della città di Padova ispirata al romanzo *La Giostra dei Fiori* Spezzati di Matteo Strukul. Per partecipare alla caccia al tesoro basterà scaricare l'app gratuita SUGARCON17 dall'App Store di Apple o da Play Store di Google, risolvere una serie di indovinelli ispirati ai luoghi del romanzo, scoprire i checkpoint in cui sono nascosti i badge e recarsi sul posto. Quando si raggiungeranno i luoghi esatti il badge verrà sbloccato sullo smartphone e si potrà proseguire la caccia. Otto indizi, otto badge da sbloccare, una serie di premi a sorpresa per i partecipanti e un modo diverso per raccontare una città e i suoi luoghi storici.

A partire dalle 17:00 sarà inoltre possibile giocare in anteprima a ELESTONE il gioco da tavolo di ambientazione fantasy realizzato da KAOS LUDI e presentato a Play Modena 2017. Si potrà inoltre provare l'Oculus Rift e l'Oculus Touch grazie a una postazione gioco gratuita a cura della startup padovana Eggon. Sara possibile vivere l'esperienza di volo all'interno di un aereo turistico sopra la città di Padova grazie alla postazione di Virtual Reality allestita da CheBellaGiornata: attraverso il visore VR si proveranno le vere emozioni del volo guardando Padova dall'alto senza muoversi. Una totale immersione nel futuro dell'interazione umana con il digitale.

Alle 18:00, la premiazione del contest fotografico PULPRIVERS curato da Matteo Bernardi e dedicato alle vie d'acqua della città di Padova città d'acque. Alle 18:30, infine, l'incontro dedicato agli intrecci tra videogames e letteratura in collaborazione con Vigamus Academy, il polo universitario del videogioco della Link Campus University di Roma. Partendo dal fenomeno *The Walking Dead* si aprirà un'inedita polemica culturale: *Videogames, la nuova frontiera della narrativa? Il caso Telltale Games.* Partecipano all'incontro Matteo Strukul, Francesca Noto, Alberto Belli, Ilaria De Togni, Alessia Padula,. Marco Accordi Rickards (in collegamento da Tokyo) e

David Boeman (in collegamento da Los Angeles). A chiudere la giornata una cena di gala insieme agli autori e alla crew Sugarpulp.

Sabato 23 settembre gli appuntamenti letterari sono concentrati a Palazzo Casalini, Rovigo, sede di Rovigo Banca: si comincia con *Sugarpulp Generation*, protagonisti due scrittori dall'enorme talento e grandi amici di Sugarpulp come Romano De Marco e Mirko Zilahy (ore 16:30). Parallelamente si aprirà anche la prima sessione degli Speed Date Letterari con i vincitori che presenteranno il loro romanzo inedito direttamente agli editor di Sperling & Kupfer, Longanesi, Netwon Compton. Alle 17:30 Antonella Lattanzi, vincitrice dal David di Donatello 2017 per la sceneggiatura di Fiore e del Premio Cortina 2017, racconterà ai lettori il suo ultimo romanzo, *Una storia nera*. Chiude gli appuntamenti letterari del pomeriggio il *CLASH OF TITANS*, un evento che ormai è diventato un classico della Sugarpulp Convention (ore 18:30). Matteo Strukul e Roberto Recchioni, due rockstar della cultura italiana, saranno i protagonisti dello "scontro letterario" di quest'anno. Un evento imperdibile nel segno della transmedialità in cui si parlerà di libri, fumetti, cinema, serie tv e dei futuri possibili della narrativa e della letteratura popolare.

A partire dalle 21:00 di sabato 23 settembre ci sarà il tradizionale SUGARPARTY insieme agli autori alle Antiche Distillerie Mantovani di Pincara (RO) durante il quale verrà consegnato lo SUGARPRIZE 2017 a Paola Barbato. Il premio, come da tradizione, è anche quest'anno rappresentato da un'opera unica creata appositamente per Sugarpulp. L'opera di quest'anno è stata ideata realizzata da Michele De Marchi di Aviostudio. La serata, a ingresso gratuito, sarà anche l'occasione per gustare le tante specialità enogastronomiche del territorio.

Domenica 24 settembre al Castello di Arquà Polesine andrà in scena l'ultima giornata della SUGARCON17: a partire dalle 10:00 del mattino il parco del Castello sarà aperto alle famiglie con animazione, giochi e trucchi per i più piccoli. Per i "grandi" invece una serie di incontri letterari all'insegna del noir e del thriller: Alessandra Penna e Fabrizio Cocco, editor di Newton Compton e Longanesi, infatti racconteranno come si scrive un bestseller. A seguire poi gli Speed Date Letterari con i vincitori del concorso letterario.

Alle 11:00 conosceremo una donna in noir, Paola Barbato, storica autrice di Dylan Dog e vincitrice del Premio Scerbanenco per i suoi romanzi, che presenterà *Non ti faccio niente*, la sua ultima fatica letteraria. Al termine dell'incontro ci sarà infine la premiazione del contest fotografico PULP RIVERS dedicato al Polesine. A conclusione della mattinata al Castello un pranzo conviviale insieme agli autori per festeggiare la chiusura della SUGARCON17, per gustare i prodotti enogastronomici del territorio e per trascorrere un pomeriggio di festa tutti insieme nella splendida cornice del Castello Estense di Arquà Polesine.

SUGARCON17 è un evento ideato e organizzato dall'Associazione Culturale Sugarpulp, con il patrocinio del Comune di Padova, del Comune di Arquà Polesine e di Assindustria Rovigo; con il contributo di Rovigo Banca, IRSAP e Assindustria Rovigo; in collaborazione con Antiche Distillerie Mantovani, Emporio Borsari, Cantina Maeli, Trattoria al Ponte di Lusia, Villa Hotel Regina Margherita, Vigamus Academy, Link Campus University, Chebellagiornata, Eggon, Kaos Ludi, Amissi del Piovego, Comitato delle Mura di Padova, Aviostudio, SINAI Exclusive e LA CASE Books.

IL PROGRAMMA

Giovedì 22 settembre

Palazzo Moroni, Padova:

• 18:00-18:30: Apertura SUGARCON17 con Andrea Colasio, Assessore alla Cultura del Comune di Padova e Matteo Strukul.

• 18:30-19:30: *An evening with Stuart McBride*, incontro con Stuart McBride e Matteo Strukul. Traduce Francesca Noto.

• 19;30-20:30: *La banda dei tre*, il trailer in anteprima del film di Francesco Maria Dominedò tratto dall'omonimo romanzo di Carlo Callegari.

Venerdì 23 settembre

Centro storico della città di Padova

• 10:00-19:00: Caccia al tesoro digitale ispirata al romanzo *La giostra dei fiori spezzati*.

Palazzo Moroni, Padova:

• 17:00-20:00, ELESTONE, il gioco di ruolo. Possibilità di giocare in anteprima al nuovo gioco di ruolo realizzato da Kaos Ludi

• . 17:00-20:00: VIRTYAL REALITY in collaborazione con Chebellagiornata.

• 18:00-18:30: Premiazione Contest fotografico PULP RIVERS dedicato alla città di Padova. Contest a cura di Matteo Bernardi.

• 18:30-19:30; *Videogames, la nuova frontiera della narrativa? Il caso Telltale Games"*. Incontro con Matteo Strukul, Francesca Noto, Alberto Belli, Ilaria De Togni, Alessia Padula, Marco Accordi Rickards (in collegamento da Tokyo) e David Boeman (in collegamento da Lo Angeles).

Piazza della Frutta, Padova

• 19:30-21:30: SUGARSPRITZ con gli autori e la crew di Sugarpulp.

Sabato 23 settembre

Palazzo Casalini, Rovigo

- 16:30-18:30: *Speed Date Letterari* con Alessandra Penna (Newton Compton), Fabrizio Cocco (Longanesi) e Valentina Rossi (Sperling & Kupfer.)

- 16:30-17:30: *Sugarpulp Generation*, incontro con Romano de Marco e Mirko Zilahy. Modera Corrado Ravaioli.

- 17:30-18:30: *Una storia nera*, incontro con Antonella Lattanzi e Edoardo Rialti.

- 18:30-19:30: *Clash of Titans, Roberto Recchioni Vs Matteo Strukul,* modera Giacomo Brunoro.

Antiche Distillerie Mantovani, Pincara (Ro)

- 21:00-21:30: Consegna SUGARPRIZE 2017 a Paola Barbato.

- 21:30-00:33: SUGARPARTY con gli autori e la crew di Sugarpulp.

Domenica 24 settembre

Castello di Arquà Polesine (Ro)

• 10:00-12:00: Giochi e animazioni i bambini e famiglie nel parco del Castello.

• 10:00-12:00: *Speed Date Letterari* con Alessandra Penna (Newton Compton), Fabrizio Cocco (Longanesi) e Valentina Rossi (Sperling & Kupfer.)

• 11:00-12:00: *Una donna in noir*, incontro con Paola Barbato e Marco Piva.

• 12:00-12:30: Premiazione del contest PULP RIVERS dedicato al Polesine. Contest a cura di Matteo Bernardi.

SUGARCON18

L'ottava edizione della SUGARCON si è tenuta dal 20 al 23 settembre a Rovigo e in Polesine.

Lo scrittore Mauro Corona è stato insignito dello SUGARPRIZE 2018 (opera dall'artista Michele De Marchi, a cui si è aggiunta una borsa realizza in esclusiva da SINAI Exclusive e una magnum di "Grappa delle Nebbie" offerta dalle Antiche Distillerie Mantovani).

Questi i numeri dell'evento:

- 3 giornate

- 13 ospiti

- 10 eventi

- 4 location

- 1 romanzo pubblicato grazie agli *Speed Date Letterari* Sugarpulp (*La confraternita degli assassini*, di Bruno Di Marco e Marcello Ciccarelli, Newton Compton 2021).

TALENTI A CONFRONTO:
BIG DELLA SCRITTURA E GIOVANI
PROMESSE ALLA SUGARCON18

La letteratura e la narrativa popolare anche quest'anno saranno le grandi protagoniste della SUGARCON18, l'ottava edizione della convention organizzata da Sugarpulp con il patrocinio del Comune di Arquà Polesine e con il contributo di RovigoBanca, IRSAP, Emporio Borsari, Fondazione Rovigo Cultura e Antiche Distillerie Mantovani. Dal 20 al 23 settembre Rovigo e il Polesine saranno il teatro di incontri con autori prestigiosi e di un innovativo concorso letterario per una due giorni all'insegna della cultura, della letteratura e del divertimento.

Da segnalare gli *Speed Date Letterari*, organizzati in collaborazione con RovigoBanca, che tornano dopo lo strepitoso successo dell'anno scorso. Quest'anno la novità è rappresentata dall'apertura al mondo del fumetto e del graphic novel grazie alla partecipazione straordinaria di Tito Faraci, direttore editoriale di Feltrinelli Comics e storico sceneggiatore Disney e Bonelli, senza dubbio uno dei nomi più importante del fumetto italiano.

Gli Speed Date Letterari dunque si confermano un appuntamento di rilievo nazionale, un'opportunità più unica che rara per gli scrittori esordienti per presentare i loro romanzi a Alessandra Penna (Editor Newton Compton) e a Francesca Lang (Editor Piemme). Gli speed date con Alessandra Penna e con Tito Faraci si terranno sabato 22 settembre a Palazzo Casalini (Rovigo), mentre quelli con Francesca Lang si terranno domenica 23 settembre ad Arquà Polesine.

La Sugarcon18 inizia con un'anteprima esclusiva all'Emporio Borsari di Badia Polesine: giovedì 20 settembre alle 18.30 Matteo Strukul sarà il protagonista di "Aperitivo con Casanova", una serata dedicata all'ultimo bestseller internazionale di Strukul incentrato sulla vita di Giacomo Casanova, uno dei personaggi simbolo della Venezia del '700. A seguire aperitivo insieme all'autore (ingresso gratuito).

Sabato 22 settembre gli appuntamenti letterari sono concentrati a Palazzo Casalini, Rovigo, sede di RovigoBanca: si comincia alle 16.00 con l'incontro tra Ilaria Tuti e Marilù Oliva, due scrittrici di enorme talento protagoniste di due dei casi letterari più interessanti di questa stagione: *Fiori sopra l'inferno* (Longanesi) di Tuti è stato infatti uno degli esordi di maggior successo degli ultimi anni in Italia (best seller in più di 20 paesi, presto diventerà un film), mentre *Le spose sepolte* (Harper Collins Italia) ha confermato Marilù Oliva come una delle autrici più importanti della sua generazione.

A seguire l'incontro con Barbara Baraldi e Francesca Bertuzzi, due scrittrici che negli anni si sono ritagliate un posto di primo piano nel panorama letterario italiano grazie ai loro romanzi e alla loro scrittura eccezionale. *Fammi male* (Mondadori) di Bertuzzi è stato infatti uno dei thriller rivelazione dell'estate, mentre *Osservatore oscuro* (Giunti) di Baraldi è stato amatissimo da pubblico e critica. Entrambe sono anche sceneggiatrici di fumetti: Barbara Baraldi è una delle firme di Dylan Dog mentre Francesca Bertuzzi sta per adattare a fumetto *Il lato oscuro dell'anima* di Joe R. Lansdale.

Chiude gli appuntamenti letterari del pomeriggio il *Clash of Titans*, un evento che ormai è diventato un classico della Sugarpulp Convention (ore 18.00). Matteo Strukul e Tito Faraci, due rockstar della cultura italiana, saranno i protagonisti dello "scontro letterario" di quest'anno. Un evento imperdibile nel segno della transmedialità in cui si parlerà di libri, fumetti e dei futuri possibili della narrativa e della letteratura popolare.

A partire dalle 20.00 di sabato 22 settembre ci sarà il tradizionale party insieme agli autori alle Antiche Distillerie Mantovani di Pincara (RO), durante il quale verrà consegnato lo SUGARPRIZE 2018 a Mauro Corona. La serata, ad ingresso gratuito, sarà anche l'occasione per gustare le specialità enogastronomiche del territorio e per conoscere gli autori in un clima conviviale e rilassato.

Domenica 23 settembre ad Arquà Polesine andrà in scena l'ultima giornata della Sugarcon18: alle 10.00 l'incontro con Mirko Zilahy, Alessandra Penna e Francesca Lang, che sveleranno al pubblico come si scrive un bestseller,

Alle 11.00 invece sul palco del teatro di Arquà salirà Mauro Corona per il gran finale. Autore enorme che può vantare milioni di copie vendute in Italia, Mauro Corona non ha certo bisogno di presentazioni. Una presenza importante che contribuisce ad alzare ancora una volta l'asticella del valore letterario della SUGARCON.

Gli incontri di domenica, che inizialmente si sarebbero dovuti tenere al Castello Estense di Arquà Petrarca, vista l'enorme quantità di prenotazioni arrivate sono stati spostati presso il Teatro di Arquà Polesine. Tutti gli incontri e gli eventi della SUGARCON18 sono GRATUITI ed aperti al pubblico.

SUGARCON18 è un evento ideato e organizzato dall'Associazione Culturale Sugarpulp, con il patrocinio del Comune di Arquà Polesine e con il contributo di Rovigo Banca, IRSAP, Emporio Borsari, Antiche Distillerie Mantovani e Fondazione Rovigo Cultura, in collaborazione SINAI Exclusive e LA CASE Books.

IL PROGRAMMA

Giovedì 20 settembre

Emporio Borsari, Badia Polesine

- 18:30-19:30: SUGARSPRITZ: *Aperitivo con Casanova*. Matteo Strukul presenta il suo ultimo bestseller internazionale *Giacomo Casanova - La sonata dei cuori infranti* (Mondadori). A seguire aperitivo con l'autore.

Sabato 22 settembre

Palazzo Casalini, Rovigo

- 16.00-18:00 *Speed Date Letterari* con Tito Faraci, direttore editoriale di Feltrinelli Comics.

- 17.00 - *Speed Date Letterari* con Alessandra Penna (Newton Compton)

- 16.00-17:00: Incontro con Marilù Oliva e Ilaria Tuti, modera Silvia Gorgi

- 17.00-18:00: Incontro con Barbara Baraldi e Francesca Bertuzzi, modera Massimo Zammataro

- 18.00-19:00: *Clash of Titans: Matteo Strukul Vs Tito Faraci*

Antiche Distillerie Mantovani, Pincara (Ro):

- 21.00, Consegna SUGARPRIZE 2018 a Mauro Corona

- 21:30-00:30: SUGARPARTY con gli autori e la crew di Sugarpulp.

Domenica 23 settembre

Teatro di Arquà Polesine (Ro)

- 10.00-11:00, *Come si scrive un bestseller*, incontro con Mirko Zilahy, Francesca Lang e Alessandra Penna. Modera Carlo Cavriani

- 11.00-12:00: Speed Date letterari con Francesca Lang (Sperling & Kupfer)

- 11.00-12:00: Incontro con Mauro Corona e Matteo Srukul.

SUGARCON-X

L'edizione del decennale della SUGARCON si è tenuta ai Giardini dell'Arena di Padova dal 22 al 26 settembre, mentre la conferenza stampa di presentazione si è svolta il 9 settembre all'Hotel Excelsior durante Mostra Internazionale d'Arte cinematografica di Venezia.

Le scrittrici Barbara Baraldi e Marilù Oliva sono state insignite rispettivamente dello SUGARPRIZE 2019 e 2020 (due opere originali dell'artista Davide Zanella), mentre il fumettista Alberto Ponticelli è stato insignito dello SUGARPRIZE 2021 (opera originale dell'artista Giovanni Motta).

Questi i numeri dell'evento:

- 6 giornate
- 37 ospiti
- 20 eventi
- 2 location

SUGARCON-X: 2011-2021
DIECI ANNI DI SUGARPULP CONVENTION

È stata presentata all'Hotel Excelsior del Lido durante la 78a edizione della Mostra del Cinema la Sugarcon-X, un'edizione speciale che celebra e festeggia il decennale della prima storica Sugarpulp Convention. Ebbene sì, sono già passati 10 anni dal primo grande evento firmato Sugarpulp che si tenne nell'ormai lontano settembre 2011.

Proprio per questo motivo l'edizione 2021 sarà molto particolare, una grande festa che durerà cinque giorni (record per la SUGARCON) e che presenterà tanti ospiti e tante novità, a partire dalla location. La SUGARCON-X si terrà infatti ai Giardini dell'Arena, luogo magico nel centro di Padova a due passi dalla Cappella degli Scrovegni, recentemente diventata Patrimonio Unesco grazie alla candidatura di Padova URBS PICTA. Una scelta che mette al centro un luogo storico della nostra città che in questi ultimi anni è rinato ed è diventato un importante centro culturale grazie al prezioso lavoro fatto in questi anni da Antonio Colella, Aisha Ruggieri e dal loro staff.

«*Durante i cinque giorni della Convention porteremo a Padova tanti autori e autrici importanti dal libro al fumetto, dall'arte al cinema*» sottolinea Giacomo Brunoro, Presidente Sugarpulp. «*Parto dalle due scrittrici che riceveranno il premio SUGARPRIZE 2019 e 2020 (due opere originali dell'artista padovano Davide Zanella), ovvero Barbara Baraldi e Marilù Oliva. Stiamo parlando di due scrittrici che hanno segnato l'ultimo decennio con storie forti e, soprattutto, con una voce potente e unica. In questi anni sono state entrambe capaci di ritagliarsi un ruolo di primo piano nel panorama letterario nazionale grazie a romanzi amatissimi dal pubblico. Sono ancora più felice poi perché Oliva era a Padova dieci anni fa per la prima storica edizione della SUGARCON, mentre Baraldi è stata ospiti di Sugarpulp per la prima volta nel 2012. Peraltro era a Padova per la prima Sugarcon anche Alberto Ponticelli, un gigante del fumetto internazionale, che riceverà lo SUGARPRIZE 2021 (opera originale dell'artista Giovanni Motta grazie alla collaborazione con Giorgio Chinea Art Cabinet). Segno che in questi dieci anni abbiamo saputo anticipare le tendenze del panorama letterario artistico con scelte spesso controcorrente*».

«*È una grande soddisfazione raggiungeremo questo traguardo decennale che ci conferma una volta di più come outsider della scena dei festival letterari. È da quando che abbiamo iniziato che crediamo nello stretto rapporto tra letteratura e fumetto perché la pluralità di linguaggi è nel nostro DNA*» dichiara Matteo Strukul, direttore artistico Sugarpulp. «*Alla Sugarpulp Convention di quest'anno ritroveremo tanti autori che hanno partecipato all'edizione 2011 (Marilù Oliva, Alberto Ponticelli, Alessandro Vitti, Pierluigi Porazzi, Officina Infernale, Silvia Gorgi, Carlo*

Callegari...), insieme a tanti altri che nel corso degli anni si sono aggiunti alla grande famiglia Sugarpulp come Mirko Zilahy, Livia Sambrotta, Romano De Marco, Grimilde Malatesta, Federico Vicentini, Barbara Codogno, Letizia Cadonici, Michele Bottone, Elisa Tadiello o Riccardo Burchielli. Segno che il movimento Sugarpulp è vivissimo e continua ad attraversare in maniera trasversale il mondo della parola scritta e disegnata».

Una menzione speciale per il poster dell'edizione di quest'anno, un lavoro di grafica realizzato da Andrea Andreetta in collaborazione con Giacomo Brunoro che vuole essere un omaggio al mondo dei fumetti e in generale al grande immaginario pop che è alla base delle mille contaminazioni in cui sguazza il mondo Sugarpulp.

«In questi anni abbiamo portato a Padova Joe Lansdale, Victor Gischler, Licia Troisi, Jeffrey Deaver, Paola Barbato, Tim Willocks e tantissimi altri, per non parlare poi dello straordinario successo internazionale raggiunto da Matteo Strukul (lo sottolineo io perché lui è troppo modesto per farlo)» conclude Brunoro. *«Dieci anni fa sembrava impossibile mettere in piedi un evento letterario in cui si mischiava il mondo del libro con quello del fumetto e del cinema. I tanti successi degli autori che erano presenti al primo storico evento Sugarpulp a Padova dieci anni fa, così come i festival che sono nati in questi ultimi anni ispirandosi a questa formula ibrida e innovativa sono la conferma che quella era la strada giusta».*

SUGARCON-X è un evento ideato e organizzato dall'Associazione Culturale Sugarpulp con il contributo di Fondazione Cassa di Risparmio di Padova e Rovigo e dell'Assessorato alla Cultura del Comune di Padova; con il patrocinio della Regione del Veneto e della Fondazione Veneto Film Commission; con la collaborazione dei Giardini dell'Arena di Padova, di Nordest Boulevard, del Festival Treviso Giallo, di Linea Edizioni, della Fondazione Comitato VIII Settembre, site By site, Arte Zeta Studio, e di LA CASE Books.

IL PROGRAMMA

Giovedì 9 settembre

Mostra del Cinema di Venezia

- 17:15-18:00, Hotel Excelsior: *SUGARCON 2011-2021, dieci anni di Sugarpulp Convention.* Intervengono Cristiano Corazzari, Assessore alla Cultura della Regione del Veneto, Matteo Strukul, direttore artistico Sugarpulp e Giacomo Brunoro, Presidente Sugarpulp.

Mercoledì 22 settembre

Giardini dell'Arena, Padova

- 18:30-19:30: *Digital Investigation*, incontro con Riccardo De Palo, Lisa Marra, Carlo Callegari e Nicola Bruno. Modera Silvia Gorgi.

• 19:30-21:00: SUGARSPRITZ con dj set a cura di Gianmaria Vettorato.

• 21:00-22:00: *Cinema e Documentari a Nordest*, incontro con Jacopo Chessa, Silvia Gorgi, Enrico Lando e Christian Cinetto.

Giovedì 23 settembre 2021

Giardini dell'Arena, Padova

• 18:30-19:30: In viaggio con Aristotele, incontro con Emanuele Apostolidis e Elisa Tadiello. Modera Giacomo Brunoro. A seguire firmacopie.

• 21:00-22:00: *Libri Sugarpulp*, incontro con Barbara Codogno, Heman Zed e Marco Busatta.

Venerdì 24 settembre 2021

Giardini dell'Arena, Padova

• 18:30-19:30, *Bukowski*, incontro con Michele Botton e Letizia Cadonici. Modera Giacomo Brunoro.

• 21:00-22:00: *Marvel Vs DC*, incontro-scontro dedicato ai fans dei due universi fumettistici e cinematografici più impattanti di sempre. Meglio Spider-Man o Superman? Sono più forti gli Avengers o la Justice League? Team DC: Matteo Strukul e Romano De Marco. Team Marvel: Giacomo Brunoro e Davide Zanella.

Sabato 25 settembre 2021

Giardini dell'Arena, Padova

• 16:00-17:00: *Cartoni giapponesi tra arte e provocazione,* lezione spettacolo di Maxi Sabbion con live painting di Davide Zanella e Cristina Atofanei di Arte Zeta Studio.

• 17.00-18:00: *Sugarpulp Generation*, incontro con Mirko Zilahy, Romano de Marco e Livia Sambrotta. Modera Silvia Gorgi.

• 18:00-18:45, *Fumetti tra Italia e USA*, dialogo tra Matteo Strukul, Alberto Ponticelli e Riccardo Burchielli

• 18:45-19:00: Consegna SUGARPRIZE 2021 a Alessandro Ponticelli.

• 19:00-19:45: *Sugarpulp tra libri e fumetti,* incontro con Fabio Migneco, Officina Infernale e Stefano Zattera. Modera Giacomo Brunoro.

• 21:00-20:00: *Autrici Sugarpulp*, incontro con Marilù Oliva e Barbara Baraldi. Modera Francesca Visentin.

- 21:45-22:00: Consegna SUGARPRIZE a Barbara Baraldi e a Marilù Oliva.

- 22:00-????t: SUGARPARTY con dj set a cura di Maby.

Domenica 26 settembre 2021

Giardini dell'Arena, Padova

- 12:00-12:45: *Disegnare supereroi (e non solo)*, incontro con Alessandro Vitti e Federico Vicentini. Modera Matteo Strukul.

- 12:00-15:30, Picnic ai Giardini dell'Arena

- 15:30-16:30: *Costumi che raccontano storie*, l'uso dei costumi per valorizzare la scena e il personaggio in tre opere gotiche: Dracula, Crimson Peak, Penny Dreadful", con Grimilde Malatesta e Elena ET Prettycoats.

- 16:30-17:30: *Libri Sugarpulp*, incontro con Bruno di Marco, Marcello Ciccarelli, Federico Camporese e Pierluigi Porazzi.

- 17:30 - SUGARSPRITZ di chiusura.

MANIFESTO SUGARPULP

2009

Sugarpulp affonda le sue radici nella natura fiera e selvaggia del Nordest, una terra epica, per certi aspetti ancora legata alle tradizioni arcaiche, e che tuttavia ha saputo assecondare i processi di una modernizzazione necessaria ma anche impietosamente perseguita.

Sugarpulp è la polpa narrativa, adulterata con lo zucchero di barbabietola, con una gradazione saccarometrica crescente che rende lo scrivere più alcoolico, più tossico, più anfetaminico.

Sugarpulp è narrazione a duecento all'ora, è scrittura montata in modo ipercinetico, è dialogo-azione-dialogo-azione, è un modo di scrivere che mescola il linguaggio cinematografico della sceneggiatura con i profumi di sangue e zucchero della Bassa, dei campi di mais, delle case coloniche, le osterie, i colli, gli ippodromi, il mito della Romea e del Delta.

Sugarpulp non accetta le storie di riflessione, i solipsismi, le contemplazioni dell'ombelico. Sugarpulp vuole mandare a memoria la lezione americana della spettacolarizzazione della scrittura, prendendo a modello le nuove avanguardie di una *new wave* a stelle e strisce che annovera nelle sue file autori di grande successo come Cormack McCarthy, Joe Lansdale, Victor Gischler, Elmore Leonard. Sono solo alcuni esempi, certo, ma i modelli citati costituiscono il calco di un imperativo: creare una narrativa giovane, fresca, veloce, che racconti storie slabbrate, rabbiose, piene di humour nero e dissociazioni mentali.

Le storie Sugarpulp sono girandole impazzite, sono pastiche di piombo e noir, di tradimenti e devianze, sono la nuova grande frontiera di uno scrivere che vuole celebrare la liturgia di una terra e una realtà sociale tipiche del Nordest.

Perché il Nordest, la Bassa, la grande Pianura Padana non sono più – da oggi – un Paese per vecchi.

Matteo Righetto

Matteo Strukul

CHE COS'È SUGARPULP?

Che cos'è Sugarpulp? Bella domanda... soprattutto per chi, come me, ha visto Sugarpulp nascere, crescere ed espandersi fino a oggi. Le risposte sono tante, difficile trovarne una sola. Innanzitutto è un gruppo formidabile di amici con cui divertirsi, litigare, fare pezzi di strada insieme, bere in compagnia, passare ore a chiacchierare di libri, di film, di fumetti, di serie tv, di immaginario, di sensazioni e di emozioni.

Sugarpulp è anche un'associazione culturale che organizza tre eventi letterari internazionali decisamente rock (SUGARCON, Chronicae - Festival Internazionale del Romanzo Storico e 800 Padova Festival); è una fucina di autori che ha sfornato tanti libri; è un magazine multimediale in italiano e in inglese; è un gruppo di persone che condividono una visione ben precisa di cultura.

Come ho detto prima Sugarpulp è tante cose diverse, perché tante sono le anime presenti al suo interno. Credo che, fondamentalmente, si possa riassumere tutto così: Sugarpulp è un gruppo aperto di persone che bruciano di passione per la cultura e per la letteratura popolare, e che amano divertirsi insieme. Nietzsche diceva che la gioia comune fa l'amico, non il dolore. Ecco, mi piace pensare a Sugarpulp come a tanti momenti di gioia condivisa, al di là della fatica e dei tanti sbattimenti che ci sono stati per arrivare fin qui e che continueranno ad esserci sempre. La gioia comune di chi condivide storie, pezzi di vita, emozioni intense, momenti di debolezza e di esaltazione. Che poi sono le mille storie diverse di ognuno di noi. Perché, diciamocelo, alla fine tutto quello che amiamo leggere nei libri o nei fumetti, tutto quello che ci incolla allo schermo di fronte a un film o a una serie tv, alla fine si riduce a questo: storie da raccontare e da condividere. Storie in cui immedesimarsi e riconoscersi, storie che a volte ci svelano una parte di noi, storie che ci fanno intravedere cosa saremmo potuti essere e ci mostrano chi non saremo mai. Storie che ci fanno incazzare, innamorare, sognare. Storie che leggiamo e rileggiamo, storie che dimentichiamo per anni e che poi all'improvviso ritornano con la forza di un montante di Lennox Lewis a inizio ripresa: BOOOM! Knock Out e tanti saluti.

Sugarpulp è un collettore di storie, di cultura e di culture. È un movimento gioiosamente liquido, indipendente, che con un sorriso sfrontato si muove tra Cultura Alta ed Entertainment Culturale. Il tempo dei *rebels without a cause* è finito da un pezzo, così come quello di chi gridava a squarciagola *no future*. Mode, ideologie, tormentoni, quindici minuti di celebrità, maestri venerabili, teste di cazzo, blablablabla e guru di ritorno: abbiamo visto e dimenticato tutto e tutti. Avanti il prossimo.

Noi, in questa enorme *waste land* perennemente in bilico tra algoritmi, bitcoin, realtà virtuali, terrorismo reale e spaesamento globale, abbiamo deciso di essere i ribelli della cultura. Vi sfido a trovare oggi qualcosa di più potente, ribelle e scomodo della cultura. Cultura che è narrazione, libri, codice, linguaggi, film, fumetti, serie tv, fotografia, musica, videogioco, innovazione, performance, consapevolezza e condivisione. Cultura che è l'insieme delle storie che leggiamo, che sogniamo, che viviamo ogni giorno e che ci definiscono più di qualunque altra cosa. Sugarpulp: *read hard, party harder!*

Giacomo Brunoro

RADICI LETTERARIE PER LA SFIDA DEL FUTURO

2013

Come avrete notato, già a partire da gennaio 2012, a Sugarpulp abbiamo allargato gli orizzonti: non ci occupiamo più solo di narrativa pulp mescolata m. a noir e crime fiction ma teniamo d'occhio anche tutte quelle infinite e affascinanti variazioni sul tema ogniqualvolta a questi generi possano unirsi l'avventura, la fantascienza, l'horror, il gore, il dark fantasy e molti altri. Del resto, è proprio andando a vedere quando e con chi nasce la narrativa pulp, che ci rendiamo conto che i padri nobili di un simile "genere di risulta" sono autori tanto formidabili quanto sorprendenti.

Il pulp nasce negli States fra fine '800 e inizio '900 e si consolida negli anni '20 attraverso riviste da due soldi come *Black Mask* – quella cui pensò Quentin Tarantino quando girò Pulp Fiction – *Flying Aces, Amazing Stories* e moltissime altre. Erano riviste fatte di carta povera, ruvida, di pessima qualità – la famigerata *cheap wood pulp paper* – e ospitavano, tuttavia, autori che sarebbero divenuti ben presto straordinariamente popolari grazie alle indubbie capacità stilistiche e creative, basti pensare ai tanti personaggi nati per loro merito su quelle pagine e che oggi si sono conquistati un posto nel nostro immaginario collettivo.

Chi non conosce, infatti, Conan il barbaro, e Solomon Kane di Robert E. Howard; Tarzan, creato da Edgar Rice Burroughs; Zorro di Johnstone McCulley; Flash Gordon di Alex Raymond, The Shadow di Walter B. Gibson? Parliamo di personaggi divenuti talmente popolari negli anni successivi da guadagnarsi fama imperitura, infinite trasposizioni cinematografiche, romanzi e fumetti, insomma l'essenza stessa della narrativa – e della letteratura ci permettiamo di aggiungere – che è quella di inventare mondi e personaggi capaci di catturare l'attenzione e l'amore dei lettori. Perciò le origini del pulp sono, e rimangono, estremamente popolari, perché è a quel tipo di ampio pubblico che le riviste si rivolgono, non dimentichiamo che nell'età dell'oro – fra gli anni '20 e '30 – le riviste pulp arrivavano a vendere fino a 1:000:000 di copie a numero.

Se poi andiamo a vedere l'elenco degli autori che scrissero per quelle riviste, ebbene è difficile non rimanere a bocca aperta: Mark Twain, Joseph Conrad, Jim Thompson, Jack London, Horace McCoy, Tennesse Williams, Cornell Woolrich, Francis Scott Fitzgerald, Philip K. Dick, Rudyard Kipling, Isaac Asimov, Elmore Leonard... la lista è pressoché infinita. Ma addirittura sembra ancor più interessante notare che quelle stesse riviste erano il prodotto di precedenti generazioni di scrittori che avevano dettato i canoni della letteratura gotica e di quella del cosiddetto "lost world". Alla prima, oltre a Edgar Allan Poe appartenevano, fra gli altri, maestri assoluti della letteratura come Robert Louis Stevenson e Bram Stoker; alla seconda, Arthur Conan Doyle – che oltre a essere autore della celeberrima serie poliziesca dedicata a Sherlock Holmes aveva altresì firmato il romanzo capostipite di questo genere volto a narrare l'epopea di un mondo perduto, *The Lost World* appunto – Henry Rider Haggard, autore de *Le miniere di Re Salomone*, un classico che avrebbe portato fortuna a un personaggio dalla vita letteraria pressoché eterna come l'archeologo Allan Quatermain, protagonista di una serie di romanzi firmati poi anche da altri autori e figura che influenzò incredibilmente il personaggio di Indiana Jones; fino a Rudyard Kipling con *L'uomo che volle essere re*.

L'affermazione non suonerà peregrina, se pensiamo che molti degli scritti di questi autori – perlomeno di Edgar Allan Poe e Arthur Conan Doyle – vennero ripubblicati proprio sulle pulp magazine di cui stiamo parlando. Come emerge in modo evidente, quindi, il pulp non è forse nemmeno un genere a questo punto, ma piuttosto un'attitudine, uno stile, o forse un genere di generi, un genere di risulta, appunto, che abbraccia la fantascienza e l'avventura, il noir e il fantastico, la crime fiction e l'hard boiled, l'horror e il gotico e che, tuttavia, si pone come obiettivo quello di creare e diffondere nella maniera più pervasiva e capillare un nuovo concetto di fare narrativa e letteratura: popolare, non accademico, immediato, economico.

A questo punto, e lo affermiamo con forza, sbaglieremmo a definire il fenomeno come prettamente americano, poiché nello stesso periodo, in Italia, fioriscono riviste e supplementi di quotidiani altrettanto popolari e pronti a catturare generi come l'avventura, il fantastico, il gotico, il poliziesco. Citeremo, tanto per cominciare, quello che riteniamo di poter definire il romanziere popolare per eccellenza della letteratura italiana: Emilio Salgari. Non crediamo di fargli un torto con una simile definizione e anzi riteniamo che davvero un autore come lui avesse tutte le caratteristiche del leggendario autore pulp. Nella sua straordinaria carriera, Emilio Salgari si è rivelato fin dall'inizio un pioniere, un precursore. I profili su cui fondare una simile affermazione sono perlomeno due: quella sua consapevolezza, ferrea, nel voler creare autentici mondi in cui far muovere i propri personaggi, da cui la nascita di veri e propri cicli narrativi, oggi li chiameremmo serie; e lo straordinario talento nel mescolare e frequentare i generi più diversi quali avventura, western, storico, fantascienza. La scrittura di Emilio Salgari è profondamente popolare perché in grado di forgiare personaggi capaci di fissarsi come archetipi nell'immaginario collettivo: Sandokan, Il Corsaro Nero, Capitan Tempesta sono solo alcuni degli esempi che potremmo fare. Ma non si tratta solo di questo.

Emilio Salgari è anche un profondo conoscitore dei diversi linguaggi narrativi: i suoi racconti, romanzi, reportage vivono fin dall'inizio nelle pagine dei libri ma anche nei giornali, nelle riviste, nei periodici di viaggio. Prima di diventare scrittore di grande successo, Salgari è stato giornalista. L'utilizzo dello pseudonimo per sottrarsi a clausole contrattuali capestro, le torme d'imitatori, financo di *ghost writer* postumi alla sua tragica dipartita, fanno di lui un autentico antesignano di quel futuro smaccatamente pop che sarebbe diventato ben presto presente. Per certi aspetti, Emilio Salgari è stato un visionario, un autore in grado di comprendere le potenzialità del genere e di utilizzarne stilemi e punti di forza portandoli a un nuovo livello.

Come Alexandre Dumas, Robert Louis Stevenson, Edgar Allan Poe, Jules Verne ma anche come Robert E. Howard, H. P. Lovecraft e Edgar Rice Burroughs. Tutto ciò, anche se in Italia – prima durante e dopo – il genere non ha mai goduto di grande considerazione, relegato in una serie B talmente miope da risultare perfino masochistica. Ma Salgari, dicevamo, oltre che autore straordinario è stato anche direttore di riviste certamente accomunabili a quelle pulp come *Per Terra e per Mare* in cui trovano pubblicazione a puntate non solo opere dello stesso Salgari come *Jolanda, la figlia del Corsaro Nero*, ma anche *La rosa della prateria* di Fenimore Cooper o racconti come "Addio" o *La civetta* firmati da Salvatore di Giacomo.

E ancora, altre sono le riviste e i supplementi che pubblicano nelle loro pagine, in quegli anni, romanzi a puntate e racconti di genere fantastico, poliziesco, gotico, avventuroso, western: citiamo fra le tante *L'Oceano e il Vascello*, *La Domenica del Corriere*, *La lettura* – le ultime due entrambe supplementi de *il Corriere della Sera* – '*Il secolo XX*. A dimostrazione di come una vera e propria genia di nuovi scrittori sperimentasse con successo generi e formule nuove, perché popolari, non accademiche, attente a riempire le pagine di violenza e azione, di sangue e colpi di scena. E dunque, non era questo l'equivalente di un vero e proprio pulp italiano?

Naturalmente non è nostra intenzione attribuire un'etichetta straniera a ciò che è spiccatamente nostrano, non in questo caso perlomeno, quello che qui ci interessa è evidenziare un innegabile parallelismo. Del resto, leggendo scritti come *Un vampiro* di Luigi Capuana o *Ossessione rossa* di Giuseppe Bevione, ci pare davvero difficile affermare il contrario.

Sono queste dunque le radici culturali cui Sugarpulp guarda in ultima istanza. Poiché è un fatto che Cormac McCarthy e James Ellroy, Chuck Palahniuk e Joe R. Lansdale, Don Winslow, Tim Willocks e Victor Gischler arrivano proprio da quel mondo lì: sono grandi narratori popolari che non hanno rinunciato – con diverse gradazioni – a uno spirito e a uno stile pulp nella misura in cui questo consenta di scrivere romanzi dissacratori, fuori dagli schemi, pieni zeppi di violenza e azione, con una

visione ampia che spazia da un genere a un altro...
pensate a titoli come *La strada, Meridiano di sangue, Non
è un paese per vecchi, Il lato oscuro dell'anima, Black City,
Sinfonia di piombo, Bad City Blues, Re macchiati di sangue,
L.A. Confidential, Fight Club, Invisible Monster, Frankie
Machine, Il potere del cane, Le belve, Mucho Mojo, La collina
dei suicidi, Il mambo degli orsi, Il fine ultimo della creazione.*

E sono solo alcuni di quelli che potrei nominare.
D'altra parte la tradizione italiana, che da Salgari
in poi ha deciso di difendere il genere, non si è fatta
mancare, per nostra fortuna, straordinari autori come
Massimo Carlotto, che ha rovesciato il cliché
del commissario con figure sorprendentemente cattive
e azzeccate come il Giorgio Pellegrini di *Arrivederci
amore ciao* o con la serie dedicata a l'Alligatore,
investigatore privato che si muove in una zona grigia
fra legale e illegale e che rimanda all'hard-boiled
di James Lee Burke e James Sallis, oppure Valerio
Evangelisti e il suo inquisitore Eimerich, senza
dimenticare il palero Pantera e il ciclo dedicato
ai Pirati con *Tortuga, Vera Cruz* e *Cartagena*; e che dire
di Alan D. Altieri e la trilogia storica di *Magdeburg*,
infarcita di pulp e apocalisse, o della serie dedicata allo
sniper Russel Brendan Kane?

Insomma, il genere non solo sopravvive
ma resiste, cresce e, lasciatecelo dire, vende ancora.
Ed è appunto al genere in tutte le sue declinazioni,
che continueremo a guardare a Sugarpulp, tenendo
fede all'idea prima che è quella del pulp, inteso come
codice narrativo capace di garantire al meglio
quell'autoironia, quella popolarità, quella voglia

di stupirsi, che in tempi di crisi come questi sono virtù
tanto più necessarie.

Qui a Sugarpulp non crediamo in letteratura alta
o bassa, di serie A o B, e nemmeno nel concetto
di educare i lettori, catechizzandoli a non si sa quali
fondamentali letture. Quello che vogliamo fare
è proporre sempre di più, allargare lo steccato
dei generi, testimoniare in tutti i modi che
la letteratura di genere è quella in grado di plasmare
personaggi che ottengono successo perché capaci
di imprimersi nell'immaginario dei lettori.
La letteratura di genere è quella che intrattiene
in modo intelligente, fa divertire e sorridere, può far
riflettere certo, può rimandare alla realtà, può
prendersi delle responsabilità ma non cerca di salvare
qualcuno o di spiegargli che cosa è meglio per lui.

Viva Abramo Lincoln e i vampiri quindi – Seth
Grahame-Smith è davvero un grande autore dark –
e lunga vita a Kurt Sutter e al suo *Sons of Anarchy*
e ancora a Ian Fleming e 007, a Todd MacFarlane
e al suo Spiderman o a Frank Miller con *Sin City*, e poi
ultime ma non meno importanti la saga di *Gears
of War* di Karen Traviss o quella di *Assassin's Creed*,
firmata da Oliver Bowden.

Ecco, un'ultima annotazione. A Sugarpulp siamo
perfettamente consci di affacciarci al 2013. Proprio
per questo riteniamo imprescindibile rimarcare,
in quella che di fatto si propone con nuova forza
e vigore come una rivista pulp, la cross-medialità
della scrittura. Sarebbe anacronistico e miope
non pensare a quanto il cinema, il fumetto, le serie tv

e il videogame influenzino oggi i romanzi o, all'opposto, trovino in quei romanzi la propria culla. Del resto, affermando questo, non inventiamo nulla: ci basta pensare per un attimo a quanti siano stati gli sceneggiati e le trasposizioni cinematografiche dei romanzi di Emilio Salgari o Robert E. Howard, al ruolo fondamentale degli illustratori e degli autori di fumetti italiani nella creazione di un grande immaginario letterario collettivo e popolare – Hugo Pratt, Giorgio Cavazzano, Dino Battaglia solo per citarne tre – al ruolo chiave che, oggi, i videogiochi rivestano nella narrativa proponendo non solo grandi successi commerciali ma anche serie di romanzi di assoluta qualità.

Per questo crediamo di dover ampliare la nostra proposta culturale, per questo vogliamo mantenere forte un'identità di letteratura popolare, meticcia, contemporanea, d'intrattenimento ma anche in grado di far riflettere con un sorriso, di genere eppure non certo bassa, anzi. Pensiamo che, una volta di più, i lettori saranno con noi, perché crediamo che oggi più che mai ci sia un disperato bisogno di storie, d'invenzioni, di personaggi, di mondi, di ritmo, di sangue, di vita.

Matteo Strukul

SUGARPULP MAGAZINE

Sugarpulp MAGAZINE è una rivista digitale indipendente attiva dal 2009.

News, interviste, recensioni, provocazioni culturali e opinioni fuori dal coro trovano casa in una piattaforma web che ruota attorno alla *pop culture* e alla *community* Sugarpulp.

La rivista dal 2014 è anche un format in lingua inglese, con contenuti originali e dedicati al pubblico internazionale. Sugarpulp MAGAZINE è un'idea dell'Associazione Culturale Sugarpulp volta alla promozione di giovani talenti desiderosi di mettersi in gioco nel mondo editoriale italiano ed internazionale.

Il magazine è realizzato interamente, con fatica, dallo staff Sugarpulp, un gruppo di professionisti della cultura che mettono a disposizione della community il loro tempo e il loro lavoro.

Editor-in-chief: Giacomo Brunoro

Deputy Editor-in-chief: Andrea Andreetta

Scrivono o hanno scritto su Sugarpulp
MAGAZINE:

Matteo Strukul, Silvia Gorgi, Massimo
Zammataro, Federica Belleri, Danilo Villani, Fabio
Migneco, Fabio Chiesa, Giulia Mastrantoni, Pierluigi
Porazzi, Corrado Ravaioli, Adamo Dagradi, Alberto
Puppin, Alberto Spinazzi, Alessandro Manzetti,
Alessandro Morera, Alessandro Padovani, Alessio
Romano, Andrea Pelfini, Andrea Rilievo, Andrea
Bricchi, Angela Leucci, Anna Piva, Armando Autieri,
Camilla Bottina, Carlo Callegari, Carlo Deledda,
Carloalberto Fornea, Carlo Vanin, Cesare Granati,
Chiara Baldini, Clara Abatangelo, Claudia Grilli,
Claudio Mattia Serafin, Cristiano Idini, Colin Walls,
Cristina Daminelli, Daniele Cutali, Daniele Treu,
Dario Brugnolo Valentini, Dave Watson, Diego Del
Ciotto, Edoardo Rialti, Elena Girardin, Elisa Contato,
Enrico Astolfi, Fabio Lotti, Fabrizio Fulio Bragoni,
Federico De Nardi, Francesco Ferracin, Francesco
Lanzo, Francesco Pasquale, Francesco Rigoni,
Francesco Scardone, Fulvio Luna Romero, Gaia
Conventi, Gennaro La Marca, Gianandrea Capuzzo,
Gianmaria Vettorato, Giorgio Cracco, Giovanni
Fioretti, Giulietta Iannone, Irene Cesca, Isa Bagnasco,
Jacopo Pezzan, Jerk Full, John Paul Clint, Linda
Talato, Livia Frigiotti, Luca Giudici, Luca Trombetta,
Maila Cavaliere, Marco Azzalini, Marco Barizza,
Marco Belli, Marco Busatta, Marco Carrara, Marco
Meneghetti, Marco Piva, Marco Puglia, Marianna
Bonelli, Marilù Oliva, Mari Favini, Martin Brandt,

Massimo Bevegnù, Matteo Ogliari, Matteo Marchetti, Matteo Marchisio, Matteo Partescano, Mattia De Franceschi, Mattia Maragno, Michele Chilin, Michele Fiano, Michele Marinel, Michele Orti Manara, Nicola Campostori, Nicola Skert, Omar Di Monopoli, Paola Cosma, Paolo Zardi, Pietro Parolin, Renato Milioni, Riccardo Vittadello, Roberto Brunoro, Roberto Falcetta, Serena Casagrande, Sergio Paoli, Silvia Vettori, Silvia Contro, Simone Marzini, Simone Palmanti, Solveig Dittrich, Stefano Zattera, Thomas Tono, Timothy Dissegna, Valentino Colapinto, Vera Omwocha, Victor Gischler,

SUGARCON-X

SUGARPULP'S APARTMENT

Sugarpulp's Apartment è il format multimediale nato nel 2017 e con cui Sugarpulp racconta alcuni dei più importanti festival ed eventi italiani. Ecco tutte le edizioni dell'appartamento Sugarpulp:

2017

- Milano 2017, Tempo di Libri

- Torino 2017, Salone Internazionale del Libro di Torino

- Lucca 2017, Lucca Comics & Games

2018

- Milano 2018, Tempo di Libri

- Torino 2018, Salone Internazionale del Libro di Torino

- Lucca 2018, Lucca Comics and Games

2019

- Torino 2019, Salone Internazionale del Libro di Torino

- #Cannes72, Festival del Cinema di Cannes

- Campionaria 2019, Fiera Campionaria di Padova

- TIFF 2019, Transilvania International Film Festival

- #Venezia76, Mostra Internazionale d'arte Cinematografia di Venezia

- New York Comicon

- Autumn in Los Angeles

- Lucca 2019, Lucca Comics & Games

2020

- #Venezia77: Mostra Internazionale d'arte Cinematografica di Venezia

2021

- #Cannes74: Festival del Cinema di Cannes

- #Venezia78: Mostra Internazionale d'arte Cinematografica di Venezia

CHRONICAE
FESTIVAL INTERNAZIONALE
DEL ROMANZO STORICO

*"Chronicae è un festival che dà una scossa
a tutto il Paese in un momento in cui c'è bisogno di eventi
che mettono al centro la cultura"* (Paolo Mieli)

"Chronicae is a great festival with nice sized crowds"
(Simon Scarrow)

*"Il primo festival italiano di caratura internazionale
dedicato al genere letterario più amato dai lettori italiani"*
(ADNKronos)

Chronicae - Festival Internazionale del Romanzo
Storico, è il primo festival di caratura internazionale
dedicato a uno dei generi più amati dai lettori italiani.
Ideato dall'Associazione Sugarpulp, fin dalla prima
edizione del 2015 il festival ha avuto come location
principale il Teatro Filarmonico di Piove di Sacco
(Padova) e ha goduto del patrocinio del Ministero dei
Beni Culturali, della Regione Veneto e del Comune di

Piove di Sacco. La direzione artistica del festival è di Matteo Strukul.

Sono stati ospiti di Chronicae: Valerio Massimo Manfredi, Paolo Mieli, Jason Goodwin, Wu Ming, Marilù Oliva, Alex Connor, Francesca Visentin, Roberto Giacobbo, Paolo Zardi, Andrea Molesini, Edoardo Rialti, Barabao Teatro, Andrea Pennacchi, Vittorio Attene, Le Lame del Conte, Marcello Simoni, Daniela Piazza, Maxi Sabbion, Linda Talato, Simone Sarasso, Carlo A. Martigli, Valeria Montaldi, Oliver Pötzsch, Nicola Vegro, Marco Malvaldi, Antonio Scurati, Adriano Zamperini, Tim Willocks, Emanuele Cabrini, Luca Traini, Carla Maria Russo, Eleonora Forno, Compagnia della Torlonga, Andrea Maggi, Alvaro Gradella, Antonio Pennacchi, Simon Scarrow, Alan Friedman, Gruppo Archeologico Mino Medoaco, Sergio Benesso, Mariangela Galatea Vaglio, Gabriele Campagnano, Francesco Saverio Ferrara, Francesco Ferracin, Franco Cardini, Conn Iggulden, Francesca Chiesa, Matteo Ogliari, Vera Omwocha, Mauro Corona, Barbara Frale, Roberto Tiraboschi, Tommaso Luison, Aldo Cazzullo e Melania Mariangela Mazzucco.

HISTORY AND STORIES
IL WORKSHOP A NAIROBI

History and Stories è il titolo della prima edizione del workshop sul Romanzo Storico organizzato dall'Istituto Italiano di Cultura di Nairobi in collaborazione con Sugarpulp e con Chronicae - Festival Internazionale del Romanzo Storico. Un incredibile progetto che ha portato la gang di Sugarpulp a 10.346 km da casa, fin sotto all'Equatore, nel cuore dell'Africa, per condividere con giovani scrittori kenioti la passione per i libri e per le storie, per la cultura e l'esperienza maturata da Sugarpulp nell'organizzazione di eventi culturali. Il workshop si è concluso con il concorso letterario "Tito Livio" in occasione dei 2:000 anni della morte dello storico padovano Tito Livio. Il concorso, riservato agli scrittori kenioti che hanno partecipato al workshop *History and Stories* è stato vinto dalla scrittrice Vera Omwocha che è stata ospitata ad aprile 2018 a Chronicae - Festival Internazionale del Romanzo Storico di Piove di Sacco.

Ecco il programma del workshop che si è tenuto a Nairobi a novembre 2017:

20 novembre

15:30-17:30 - Saluti di benvenuto da parte di Francesca Chiesa, Direttore IIC Nairobi, e di Angela Loi, Viceambasciatrice italiana a Nairobi. Presentazione degli ospiti e degli scrittori kenioti che partecipano al workshop.

21 Novembre

9:00-12:00 - Carlo A. Martigli: Il romanzo storico come chiave per comprendere il presente e per prepararsi al futuro. Storia come presente e futuro all'interno del grande romanzo popolare.

14:00-17:00 - Giacomo Brunoro: Come comunicare la cultura nell'epoca dei social network. I festival letterari come strumento di promozione territoriale: il caso di Chronicae

22 novembre

9:00-12:00 / 14:00-17:00 - Matteo Ogliari: Storia, memoria, rappresentazione: l'uso delle fonti nella ricerca storica nel contesto africano.. A seguire una visita guidata alla McMillan Memorial Library Carlo A. Martigli: Lectio Magistralis, Università di Nairobi

23 novembre

9:00-12:00/14:00-17:00: "Ora si scrive!" Consigli e suggerimenti sulla scrittura con Carlo A. Martigli e Giacomo Brunoro. A seguire tutorial in preparazione al Concorso Tito Livio.

24 novembre

10:00-12:00 - Alex Nderitu: Io e la Storia.

14:00-16-00 - Ilaria Macconi Heckner: Scienza e fiction possono collaborare?

800 PADOVA FESTIVAL

800 Padova Festival nasce come un festival di rilevanza nazionale che si pone l'obiettivo di esaltare le molteplici suggestioni narrative dell'Ottocento, secolo di straordinaria vitalità nel mondo letterario ed artistico che esercita ancora una profondissima eco sulla contemporaneità. Pensiamo alla nascita dell'immaginario gotico (*Frankenstein, Dracula, Lo strano caso del Dr. Jeckyll e Mr. Hyde*), del romanzo d'avventura (Verne, Salgari, Dumas), dell'immaginario fantastico (Edgar Allan Poe) o del romanticismo (Victor Hugo, Stendhal).

Ma andando al di là della letteratura l'800 è stato anche un secolo centrale per la formazione dell'Italia e dell'Europa moderna. Per non parlare poi dello sviluppo della Medicina, del Teatro, dell'Opera, della criminologia (da Lombroso al caso di Jack lo Squartatore) o all'archeologia (dall'Egitto agli scavi nel Mediterraneo).

Il Caffè Pedrocchi, uno dei più importanti Caffè storici europei, diventa dunque la sede naturale di un festival dalle molte anime che vuole essere momento di riflessione, di riscoperta culturale, di promozione territoriale per la città e di divertimento per il pubblico. Un festival che celebra il ruolo centrale di Padova nell'800 europeo, coinvolgendo i tanti luoghi storici della città e, naturalmente, l'Università, che nell'800 visse un periodo di enorme splendore.

Grazie a rievocazioni storiche e ad eventi in costume è dunque possibile dar vita ad una narrazione transmediale che coinvolge tutta la città. La direzione artistica del festival è di Matteo Strukul.

Sono stati ospiti di 800 Padova Festival: Antonio Caprarica, Pupi Avati, Giordano Bruno Guerri, Francesca Cavallin, Maxi Sabbion, Sergia Adamo, Andrea Maggi, Padova Gotica, Simonetta Nardi, Mauro Corona, Silvia Gorgi, Alvaro Gradella, Gabriele Campagnano, Vittorio Attene, Claudia Baldin, Adrian Fartade, Nicolai Lilin, Elena Lazzaretto, Giulio Andreetta, il gruppo Reverie, Giacomo Moro Mauretto, Francesco Sidoti, Francesco Ferracin, Franco Legni, Fabrizio Parrulli, Jacopo Angelini, Pierluigi Granata, Giancarlo De Cataldo, Nina Bottacin, Michela Mocchiuti, Paola Ergi, Marcello Pozza, Yury Revich, Cristina Maffia, Mariateresa Gammone, Mirko Valtorta e Daniela Lussana.

SUGARCON-X

LA CASE BOOKS

LA CASE Books è un progetto editoriale nato nel 2010 da un'idea di Jacopo Pezzan e Giacomo Brunoro. Agli inizi del 2010 Pezzan, che vive a Los Angeles, capisce che quella dell'editoria digitale non è una semplice scommessa sul futuro ma una realtà concreta. Così quando in Italia non era ancora possibile acquistare ebook su iTunes, e Kindle Store era attivo soltanto negli USA, LA CASE Books inizia a pubblicare ebook e audiolibri in italiano e in inglese sul mercato mondiale.

Nel 2020, per celebrare i primi dieci anni di attività della casa editrice, iniziano anche le pubblicazioni in formato cartaceo. Oggi LA CASE Books ha un catalogo di più di 700 titoli tra libri cartacei, ebook, audiolibri e podcast in inglese, italiano, tedesco, francese, spagnolo, russo e polacco, ed è presente in tutti i più importanti digital store internazionali.

www.lacasebooks.com

SUGARCON-X. 2011-2021
DIECI ANNI DI SUGARPULP
A cura dell'Associazione Culturale Sugarpulp

ISBN: 978-1-953546-78-4

2021 - 1a Edizione
Cover by Andrea Andreetta

LA CASE Books
PO BOX 931416, Los Angeles, CA, 90093
info@lacasebooks.com || www.lacasebooks.com